Julia Reimann

KOCHEN MIT REGIONALEM URGETREIDE

LIEBLINGSREZEPTE
MIT EINKORN,
BAYERISCHEM REIS & CO.

INHALT

REGIONALES URGETREIDE VON A BIS Z 6

In unserer Küche werden die Rezepte zubereitet und von allen Familienmitgliedern, Mitarbeitern und Freunden getestet.

MEINE URGETREIDE-KÜCHE

Als ich von zu Hause auszog, um in Berlin zu studieren, wusste ich noch nicht, dass es mich einmal auf einen oberbayerischen Hof verschlagen würde, und dass ich einmal Linsen und Einkorn anbauen würde. Aber einen Sinn für „ursprüngliches" Kochen und Backen hatte ich schon: In meinem Gepäck befand sich ein wichtiges Büchlein – nämlich eine selbst geschriebene und humorvoll illustrierte Rezeptsammlung meiner Mutter. Darin waren ihre eigenen Kuchenkreationen, Plätzchenrezepte meiner Großmutti und die Familienstandards (wie der perfekte Pizzateig und all die anderen lebensnotwendigen Rezepte) verzeichnet. Nach diesen Rezepten wird in unserer Familie immer noch gekocht und gebacken und einige finden sich auch hier in diesem Buch wieder, allerdings oft leicht abgewandelt: mit Einkornmehl statt „normalem" Mehl oder Bayerischem Reis statt Grünkern. Denn die Freude am Probieren ist unvermindert groß und so veränderte sich so manches Rezept im Laufe der Zeit.
Ich hoffe, dass Sie beim Lesen dieses Buches von meiner Freude angesteckt werden und mit Lust das regionale Urgetreide entdecken. Lassen Sie sich einladen in meine Urgetreide-Küche!

UNSER HOF CHIEMGAUKORN

Wir bewirtschaften im oberbayerischen Chiemgau einen Bio-Hof nach den Richtlinien des Anbauverbands Naturland. Unser Schwerpunkt ist der Anbau von alten Kulturpflanzen wie Einkorn, Emmer, Urdinkel, Chiemut, Braunhirse, Buchweizen, Lein, Hanf, Leindotter und Beluga-Linsen. Auch Roggen, Hafer, Weizen sowie ein paar Futterpflanzen wie Ackerbohnen oder Klee wachsen auf unseren Feldern in der Nähe des Chiemsees.

In unserer kleinen Ölmühle stellen wir laufend frisch kaltgepresste Öle her, die sehr reich an Omega-3-Fettsäuren sind: Leinöl, Hanföl und das noch recht unbekannte Leindotteröl.

Feinste Vollkornmehle kommen aus unserer hofeigenen Vollkornmühle und in der Nudelmanufaktur stellen wir besondere Pasta aus den Urgetreidearten Emmer, Einkorn, Chiemut, Urdinkel und Buchweizen her. Eine Spezialität unseres Hofes ist der „Bayerische Reis" aus den Urgetreidearten (mehr dazu auf S. 36 und 46).

Auf Grundlage unserer Hofprodukte und sehr ausgewählter weiterer Zutaten bieten wir auch besondere Koch- und Backmischungen an. Wir verkaufen etwa 80 verschiedene selbst hergestellte Produkte in Bioläden, Reformhäusern, in unserem kleinen Hofladen und in unserem Onlineshop. Außerdem zählen wir mehr und mehr Restaurants, Hotels und Betriebsküchen zu unseren Kunden.

REGIONALES URGETREIDE VON A BIS Z

GESCHICHTE(N) VON EINKORN, EMMER & CO.

Mittlerweile sind die seit Beginn des Ackerbaus genutzten Urgetreidearten Emmer und Einkorn vielen Menschen ein Begriff. Aber was genau unterscheidet die Urgetreidearten von modernem Getreide? Und was macht die alten Kulturpflanzen so wertvoll, aber auch ihren Anbau so aufwendig?

AUFSTIEG UND UNTERGANG DER ALTEN KULTURPFLANZEN

Einkorn und Emmer gehörten zu den wichtigsten „Gefährten" des Menschen, als er sich vom Jäger und Sammler zum Ackerbauern entwickelte (in Europa zwischen 7000 und 4000 v. Chr.). Der erste Ackerbau basierte im Wesentlichen auf Emmer und Einkorn, Linsen und Leindotter, etwas später kamen Gerste, Dinkel, Lein und Erbsen dazu. Auch „Ötzi" hatte Einkorn bei sich, und beim Weizen der alten Ägypter handelte es sich eigentlich um den Ur-Weizen Emmer. Aus den Früchten dieser ersten „kultivierten" Pflanzenarten machten die Menschen Fladenbrot und Brei.

Im Mittelalter verloren Emmer und Einkorn, wie auch viele andere Nutzpflanzen (z. B. der Leindotter), an Bedeutung. Im 11. Jahrhundert kam weißes Brot in Mode, und hier war der Weizen das Korn der Wahl: hohe Erträge, hohe Mehlausbeute bei weniger Verarbeitungsaufwand, luftige, leichte Teige und weißes Backwerk.

Zudem sind Emmer, Einkorn, Dinkel, aber auch Hafer und Gerste Spelzgetreide. Damit war und ist ein mühevoller weiterer Arbeitsgang vonnöten, um das Korn verwenden zu können: das Trennen von Körnern und Spelzen. Dieser Umstand und dazu sehr geringe Erträge bei den Urgetreidearten haben wohl zum Vergessen dieser Kulturpflanzen beigetragen, das bis vor Kurzem noch andauerte.

URGETREIDE AUF DEM TELLER UND AUF DEM FELD

In Bezug auf eine gesunde Ernährung und die Vielfalt auf den Äckern haben Urgetreidearten viele Vorteile, aber der Anbau und die anschließenden Reinigungsschritte sind nicht immer einfach. Eine gute Portion Idealismus gehört dazu, wenn man diese Pflanzen kultivieren will.

Insekten freuen sich an der blühenden Untersaat – hier Winterwicken im Roggen.

Ernährungsphysiologische Vorteile

Das Vergessen der Urgetreidearten hatte aus heutiger Sicht einen großen Vorteil: Sie wurden nicht weitergezüchtet. Und das ist ein entscheidender Unterschied zu den heute gängigen Getreidearten, insbesondere dem modernen Weizen. Weizen wird heute weltweit nach Mais und Reis als dritthäufigste Getreideart angebaut. Durch die Züchtung auf mehr Ertrag ist der Chromosomensatz im modernen Weizengenom so stark verändert worden, dass er nicht mehr viel gemein hat mit den Urformen des Weizens, Emmer und Einkorn. Alle alten Kulturpflanzenarten werden dagegen aus ursprünglichem Saatgut kultiviert, das keiner Genmanipulation, Hybridzüchtung oder Veränderung des Chromosomensatzes unterzogen wurde. Sie unterscheiden sich daher stark in Bezug auf die Verträglichkeit und die Nährstoffdichte von den modernen Sorten.

Bessere Verträglichkeit

Zöliakie, die Gluten-Unverträglichkeit, wird mittlerweile als Volkskrankheit bezeichnet. Zudem gibt es eine große Anzahl an Menschen, die an einer Weizen-Unverträglichkeit oder an einer nicht-zöliakiebedingten Glutensensitivität (NCGS) leiden. Generell ist es momentan auch bei gesunden Menschen angesagt, auf Gluten zu verzichten, Free-from-Produkte boomen. Aber ist Gluten gleich Gluten?

Auch in den Urgetreidearten ist Gluten, das Protein des Getreides, enthalten – häufig sogar in größeren Mengen als beim modernen Weizen. Trotzdem werden Produkte aus Emmer, Einkorn, Urdinkel oder Chiemut besser vertragen. Daraus folgt, dass wohl nicht immer das Gluten an sich, sondern die Zusammensetzung der Eiweiße zu Problemen führt. Wir haben viele Kunden, die eine Weizenunverträglichkeit haben, denen aber Urgetreide gut bekommt. Allerdings: Bei nachgewiesener Zöliakie sind auch die Urgetreidearten tabu – hier können Buchweizen, Braunhirse und andere glutenfreie Getreide und Pseudogetreide verwendet werden.

Wichtige Inhaltsstoffe

Mineralstoffe, Eiweiße, Carotinoide, Omega-3-Fettsäuren oder andere für unsere Gesundheit wichtige Inhaltsstoffe liegen in den alten Kulturpflanzen wesentlich konzentrierter vor. Oft ist auch die biologische Wertigkeit des Eiweißes besonders hoch – die Nahrungsproteine können also effizienter in körpereigene Proteine umgesetzt werden.

Unser Leindotter genießt den Blick auf die Alpen.

Ökologische Vorteile

Unter ökologischen Gesichtspunkten sind die alten Kulturpflanzenarten ohne Konkurrenz. Um eine gewisse Vielfalt auf unseren Äckern zu erreichen, ist ja schon fast alles gut, was nicht Mais oder Weizen heißt. Durch den Anbau von Nicht-Getreidearten wie Buchweizen, Lein oder Linsen kann die Fruchtfolge aufgelockert werden und damit bleiben die Pflanzen gesünder. Und Vielfalt ist eines der Grundprinzipien für ein funktionierendes, stabiles Ökosystem.

Unser Anbausystem

Viele der alten Kulturpflanzen bauen wir auf unseren Feldern im Mischfruchtanbau an. Das bedeutet, dass zwei oder mehr ganz unterschiedliche Pflanzenarten gemeinsam auf einem Feld wachsen. In der Natur gibt es keine Monokultur, weder auf Wiesen noch in (natürlichen) Wäldern wachsen nur Pflanzen einer Art.
Da wir glauben, dass von der Natur adaptierte Systeme stabiler sind als künstliche, versuchen wir, wo es sinnvoll ist, Pflanzen in Gemeinschaften anzubauen. Die Partner beeinflussen sich dabei oberhalb und unterhalb der Erdoberfläche positiv.
Die Vielfalt auf unseren Feldern ergibt sich aber auch durch Untersaaten und Zwischenfruchtanbau. Hier geht es vor allem wieder um ein „Abschauen" von der Natur: Der Boden in der Natur ist niemals ohne Bewuchs. Dadurch wird der Boden nicht weggeschwemmt, Nährstoffe werden nicht ausgewaschen und die Erde trocknet nicht aus.

Hindernisse

Leider gibt es auch ein paar Hürden beim Anbau von alten Kulturpflanzenarten, sodass mehr Zeit und Mühe aufgewendet werden müssen. Aber das sollte uns die Hoffnung auf ein Agrarsystem wert sein, das der Natur eher gerecht wird.

Feldbegehung für den Fotografen: Stefan und Julia im Dinkelfeld.

Beim Anbau

Die Tatsache, dass keine nennenswerte Züchtung bei alten Kulturpflanzenarten stattgefunden hat, bringt gesundheitliche und kulinarische Vorteile mit sich. Sie hat aber andererseits zur Folge, dass die Erträge sehr gering und sehr unsicher sind im Vergleich zu modernen Sorten. Zudem kann man im ökologischen Ackerbau nicht mehr groß gegensteuern, wenn etwas nicht optimal wächst. Pestizide gegen Krankheiten brauchen wir nicht, da unsere Pflanzen sehr gesund sind, aber das Unkraut ist manchmal auch recht gesund und wüchsig ... Im konventionellen Anbau hat der Landwirt die Möglichkeit, hier stark einzuwirken durch die Verwendung von Herbiziden. Wir können nur bis zu einem bestimmten Stadium durch Hacken und Striegeln, also mechanische Unkrautbekämpfung, einwirken.

Dies ist allgemein so im ökologischen Landbau, bei den alten Kulturpflanzen jedoch verstärkt. Denn z. B. Lein, Hanf oder Linsen haben eine sehr langsame Jugendentwicklung, und dadurch ist oft das Unkraut schneller. Das Unkraut verdrängt die Hauptkulturpflanze und führt manchmal zu einer stark erschwerten Ernte. Außerdem werden auch Unkrautsamen mit geerntet, die später herausgereinigt werden müssen.

Nach der Ernte

Ist das Urgetreide, der Buchweizen, die Ölfrucht oder Linse dann geerntet, fangen die Probleme oft erst richtig an. Bis das Korn speisefertig ist, sind viele verschiedene, sehr aufwendige Reinigungsverfahren notwendig, die viel Können und eine angepasste Technik erfordern.

Dinkel, Emmer und Einkorn sind Spelzgetreide, das bedeutet, dass die Körner fest umhüllt in den Spelzen, besonderen Hüllblättern liegen. Diese kann man nicht mitessen und somit ist ein spezieller Arbeitsgang (das Entspelzen, Schälen oder Gerben) nötig, um die Körner von den Spelzen zu befreien. Weizen, Roggen, Mais und die extra gezüchteten „nackten" Sorten Nackthafer oder Nacktgerste dagegen zählen zu den Nacktgetreiden. Hier fallen beim Dreschen die Körner aus den harten Spelzen heraus und können gleich weiterverarbeitet werden.

Unsere Philosophie

Warum machen wir es uns nicht leichter? Warum gehen wir jedes Jahr aufs Neue das große Risiko ein? Die Antwort ist: Es geht um Vielfalt, um einen Gegenpol zu dem Einheitsbrei, um Freude am Ausprobieren, um Pioniergeist, aber auch um den Versuch, was wir tun, zu professionalisieren. Es geht um Verantwortung für die folgenden Generationen, darum, ein wenig zurückzutreten und Dinge zu tun, die vielleicht im Moment nicht uns selbst nützen, aber der Natur.

> „The only ethical decision is to take responsibility for our existence and that of our children."
>
> – BILL MOLLISON –

Der Boden ist unser wichtigstes Kapital.

DARF ICH VORSTELLEN? UNSERE PFLANZEN AUF DEM FELD

Wir begleiten unsere Pflanzen von der Saat bis zur Ernte auf dem Feld, und weiter über die verschiedenen Arbeitsschritte hin bis zum fertigen Produkt in der Tüte oder Ölflasche. Es ist mir ein Anliegen, Ihnen unsere besonderen Pflanzen kurz vorzustellen. Ich selbst finde es interessant zu wissen, wie eigentlich die Pflanze, aus der ich vielleicht gerade ein leckeres, dampfendes Risotto zubereitet habe, auf dem Feld aussieht, wie sie wächst, wie Blüte, Ähre oder Korn beschaffen sind.

Jede Pflanze hat ihren ganz eigenen Charakter. Wenn man durch das Feld streift und beispielsweise in einer Wolke von intensiv süß duftenden Buchweizenblüten steht, kann man sich die Unterschiede zwischen den Pflanzen sehr gut vorstellen: Das Buchweizenkorn hat sicherlich auf unseren Körper eine andere Wirkung als der Emmer, dessen begrannte Ähren im Wind aussehen wie ein wellenbewegtes Meer. So hat Einkorn z.B. etwas sehr Zartes im Wuchs, das sich auch im fein nussigen Geschmack des Perl-Einkorns oder beim Backen eines hellen, lockeren Baguettes widerspiegelt. Emmer dagegen ist kräftig, herzhaft, nussig und hat ganz andere Eigenschaften vom Wuchs bis zum Backergebnis.

Außerdem möchte ich in diesem Kapitel auf einzelne Inhaltsstoffe und ein paar Besonderheiten beim Anbau und der Verarbeitung eingehen. Und so lade ich Sie auf einen kleinen Rundgang über unsere Felder ein …

EINKORN – DAS FEINSTE URGETREIDE

Der erste Eindruck, wenn man ein Einkornfeld sieht, ist verblüffend: Es erinnert eher an eine Wiese als an ein Feld. Die Einkorn-Ähre ist zart und schmal und sie wiegt sich sanft im Wind.

Ökologie

Das Einkornfeld unterscheidet sich grundsätzlich von einem fast schon ins Bläuliche gehende, konventionell „gut aufgedüngten" Weizenfeld. Wächst bei Letzterem Halm an Halm und sonst nicht viel anderes, ist das Einkornfeld licht und lässt Platz für Kornblume, Kamille und Mohn. Hier gibt es eine große Artenvielfalt, und am deutlichsten wird das vielleicht durch die Feldlerche, die über das Feld aufsteigend den Sommer besingt. Dieser und andere Bodenbrüter sind auf lichte Getreidebestände angewiesen und bauen dort am Boden ihr Nest. Durch die Intensivierung der Landwirtschaft ist ihr Bestand stark zurückgegangen, in Deutschland steht sie auf der Roten Liste. Eine Maßnahme zur Rettung der Feldlerche ist das Anlegen sogenannter „Lerchenfenster", indem im Getreidefeld bei der Aussaat kurze Streifen ausgelassen werden. Im Einkorn- und auch im Emmerfeld ist das jedoch nicht nötig, hier findet die Feldlerche genügend Platz zum Brüten.

Besondere Merkmale

Einkorn (*Triticum monococcum* = „Weizen mit einem Korn") ist die zierlichste – ich finde auch: die edelste – der Getreidearten. Sie ist ein Verwandter des Weizens, hat aber eine geringere Chromosomenzahl. Die Halme sind schmal und

Einkorn reckt die zarten Ähren in den Himmel.

hellgrün. Auf jeder Etage der Ährenspindel sitzt nur ein Korn, daher ist die Ähre flach und insgesamt eher klein. Sie ist mit langen Grannen besetzt, die sich in der Reife goldbraun verfärben und von der hellgrünen Ähre wunderschön abheben. Die Ähren bleiben, im Gegensatz zu den meisten anderen Getreidearten, bis zur Ernte aufrecht stehen.

Anbau

Einkorn wird im Herbst angesät und ist bei uns etwa Anfang August druschreif. Beim Dreschen zerfällt die Ähre in ihre einzelnen Abschnitte, die Vesen. Das sind Spelzen, in denen fest die Körner liegen. Beim normalen Weizen fallen beim Dreschen die nackten Körner aus.

Das Einkorn ist recht unempfindlich gegenüber Krankheiten und stellt keine hohen Ansprüche an den Boden, allerdings ist der Ertrag sehr gering. Dazu kommt der extra Arbeitsgang des Entspelzens, der die Verarbeitung von Einkorn sehr aufwendig macht. Dies werden die Hauptgründe für den Rückgang des Einkornanbaus sein. Allerdings gibt es auch viele Gründe, die für seine Renaissance sprechen.

Inhaltsstoffe

Für ein Getreide enthält Einkorn viel Protein (bis zu 19 %) und damit viel Klebereiweiß (Gluten), was eine gute Verarbeitung möglich macht. Das Mehl schmeckt leicht süß-nussig und hat eine gelbliche Farbe, bedingt durch einen hohen Beta-Carotin-Gehalt. Dadurch bekommt das Backwerk eine sehr schöne leichte Honigfärbung.

Im Vergleich zum modernen Weizen enthält Einkorn auch mehr Mineralstoffe und Aminosäuren. Besonders hervorzuheben ist auch der hohe Luteingehalt. Lutein ist entscheidend an der Erhaltung der Augengesundheit beteiligt.

Einkorn – von der Ähre bis zum Backwerk

Obwohl mit dem Weizen verwandt, ist Einkorn für viele Menschen, die keinen Weizen vertragen, eine wunderbare Alternative. Und für kulinarisch Interessierte eine Entdeckung!

EINKORN IN DER KÜCHE

Wir verkaufen das ganze Korn, das Vollkornmehl, das Perl-Einkorn (Einkorn-Reis) und Nudeln aus 100 % Einkornmehl. Aus dem ganzen Korn lassen sich in der Haushaltsmühle gut Mehl und Schrot, in der Flockenquetsche beste Flocken herstellen. Das Mehl eignet sich für alle Arten von Brötchen, Broten, Kuchen und anderem Feingebäck. Ich finde es besonders geeignet für Quiches und Gemüsekuchen, Strudel, Pfannkuchen und für die Weihnachtsbäckerei.

Der Bayerische Reis aus Perl-Einkorn ist zart, hat einen nussig-buttrigen Geschmack und lässt sich wunderbar süß als Milchreis zubereiten (siehe S. 125). Als herzhafte Beilage finde ich das Perl-Einkorn besonders fein in Kombination mit Pilzen oder mit Zucchini, es passt aber auch gut in Eintöpfe (siehe S. 77) oder in den Salat (siehe S. 75).

EMMER – DAS NUSSIGE ZWEIKORN

Es gibt Weißen, Roten und Schwarzen Emmer, wobei die Schwarzfärbung durch Beta-Carotin hervorgerufen wird. Am häufigsten wird der Schwarze Emmer angebaut.

Besondere Merkmale

Emmer (*Triticum dicoccum* = „Weizen-Zweikorn“) ist vom Wuchs her kräftiger als Einkorn und trägt auf der Spindel zwei Körner auf jedem Absatz. Auch hier handelt es sich um ein Spelzgetreide, d. h. die Körner liegen fest eingebettet in Spelzen, die lange Grannen aufweisen. Die meisten Emmersorten werden im Frühjahr als Sommerung gesät, da Emmer nicht besonders kälteresistent ist.

Inhaltsstoffe und Geschmack

Emmer ist wesentlich eiweißreicher als gängige Getreidesorten (15–21 % Protein). Schon früher wurde er zu Brot und Brei (Mus), aber auch zu Graupen (der erste Perl-Emmer!) verarbeitet und wegen seines Geschmacks geschätzt. Produkte aus Emmer haben einen herzhaften, kräftig nussigen Geschmack und durch das enthaltene Beta-Carotin eine etwas dunklere Färbung.

Nutzungsgeschichte

Seinen Ursprung hat die vom Wild-Emmer abstammende Weizenart im Nahen Osten, wo sie seit mindestens 10 000 Jahren angebaut wurde. Auch in den Hochkulturen Mesopotamiens und des alten Ägypten war, was häufig als Weizen bezeichnet wurde, in Wirklichkeit Emmer. In der ältesten Ackerbaukultur in Mitteleuropa (Bandkeramik) war Emmer die wichtigste Getreideart. In Europa wurde Emmer wie Einkorn während der frühen neolithischen Besiedlung verbreitet und galt zur Römerzeit als „Weizen von Rom". Von der Bronzezeit an ging der Anbau in Europa stark zurück. Seit einigen Jahren erfährt der Emmer in Deutschland und Europa wieder eine größere Wertschätzung.

EMMER IN DER KÜCHE

Emmer hat einen kräftig nussigen Geschmack. Ich verwende das Emmermehl gern in dunklen, saftigen Schokoladen- und Nusskuchen und in Plätzchen, in deftigen Quiches (siehe S. 90) oder knusprigem Pizzateig. Auch fantastische Brote gelingen aus Emmer. Der Perl-Emmer (Emmer-Reis) ähnelt vielleicht ein bisschen dem Wildreis. Er passt gut zu Pilzen, getrockneten Tomaten oder Kürbis. Perl-Emmer schmeckt wunderbar in verschieden kombinierbaren Risotto-Gerichten, in Eintöpfen (siehe S. 81) und Salaten (siehe S. 82).

Bei uns am Hof gibt es das ganze Korn, Emmer-Vollkornmehl, den Perl-Emmer und sehr feine Emmerpasta.

Emmerpflanzen in der Blüte

Emmer – von der
Ähre bis zur Nudel

URDINKEL – DER KERNIGE

Dinkel (*Triticum aestivum* subsp. *spelta*) begleitet die Menschheit wohl noch nicht ganz so lange wie Emmer und Einkorn, aber die ältesten Dinkelfunde in Deutschland, vor allem im Alpenraum, stammen aus der Jungsteinzeit. Im 20. Jahrhundert verringerte sich der Anbau aufgrund der niedrigeren Erträge und des zusätzlichen Arbeitsgangs des Entspelzens.

Kreuzung mit Weizen

Von Weizenallergikern hoch geschätzt, hat sich der Dinkel schon viel früher als Emmer und Einkorn einen festen Platz in der modernen Ernährung, insbesondere auch in der Baby- und Kinderernährung und in der Hildegard-Medizin, zurückerobert. Seit den 1980er-Jahren wird Dinkel wieder vermehrt in Deutschland angebaut. Durch diesen „Boom" sind allerdings auch Nachteile zu beobachten: Wie immer, wenn die Nachfrage steigt, wird versucht, Masse zu produzieren. Das gelang, indem man den Dinkel mit Weizen kreuzte und so den Ertrag um bis zu 40 % gegenüber den ursprünglichen Sorten steigern konnte. Die alten Landsorten des Dinkels sind weniger standfest, die modernen Sorten sind viel kürzer. Dass damit auch die Eigenschaften des Dinkels verändert wurden und eine Art Weizen-Dinkel kreiert wurde, nahm man in Kauf. Der heute angebotene Dinkel ist fast ausschließlich eine gekreuzte Form mit Weizen. Auch Backwaren, die 100 % Dinkelanteil aufweisen, tragen so Weizen-Eigenschaften in sich. Für Menschen, die Dinkel, aber keinen Weizen vertragen, ist es daher oft schwierig, die richtigen Produkte zu bekommen. Wenn man also die besondere Gesundheitswirkung des Urdinkels schätzt oder sogar auf sie angewiesen ist, muss man nachfragen, welche Dinkelsorte in einem Produkt verarbeitet wurde.

Dinkel – für alles
(Gute) zu haben

Wir bauen ausschließlich Urdinkel an, der nicht mit Weizen gekreuzt wurde, auch wenn wir damit auf den Maximalertrag verzichten. Leider zeichnet sich beim Emmer eine ähnliche Entwicklung ab: Seit er wieder mehr in den Fokus gerückt ist, gibt es Bestrebungen, auch hier züchterisch zu „optimieren". Und es wird Bauern geben, die dieses Saatgut verwenden und damit kostengünstiger produzieren können.

Alles bio?

Hartnäckig hält sich das Gerücht, Dinkel sei eigentlich immer bio, weil er das Düngen gar nicht vertrage. Das stimmt so leider nicht. Mittlerweile wird Dinkel in größerem Maßstab konventionell angebaut und ebenso gespritzt und gedüngt, wie andere Getreidearten. Durch die kürzer gezüchteten Sorten verträgt er nun auch eine gewisse Stickstoffdüngung, ohne umzufallen.

DINKEL IN DER KÜCHE

Dinkel wird genutzt für Brot, Brei, Flocken, Teigwaren und Feingebäck. Er schmeckt leicht nussig und kann völlig unkompliziert in allen Rezepten anstelle von Weizen verwendet werden. Auch die hellen Klassiker wie Germknödel oder Biskuitteig gelingen mit dem hellen Dinkelmehl Type 630 wunderbar.

Menschen mit einer Weizenunverträglichkeit können ihre Ernährung komplett auf Dinkel (und natürlich Emmer und Einkorn) umstellen. Dinkel-Gluten wird im Allgemeinen viel besser vertragen als Weizen-Gluten.

Ich verwende den Perl-Dinkel gern in Risottos, da der Dinkel gut aufquillt. Auch süß im Milchreis schmeckt er sehr fein.

Unseren Urdinkel gibt es in Form von Dinkelmehl Type 630, 1050 und Vollkorn sowie Dinkel-Vollkorngrieß, Perl-Dinkel (Dinkel-Reis) und in Form von Nudeln.

Rötlich schimmert der reife Urdinkel.

„Dinkel ist das beste Getreide, fettig und kraftvoll und leichter verträglich als alle anderen Körner. Es verschafft dem, der es isst, ein rechtes Fleisch und bereitet ihm gutes Blut. Die Seele des Menschen macht er froh und voll Heiterkeit. Und wie immer zubereitet man ihn isst, sei es als Brot, sei es als andere Speise, ist er gut und lieblich und süß."

Inhaltsstoffe

Dinkel ist sehr reich an Mineralstoffen und Vitaminen, die gut für einen geregelten Stoffwechsel und die Haut sowie nervenstärkend sind. Mit 15–17 % Protein enthält er mehr Eiweiß als Weizen, Roggen, Hafer oder Gerste. Den höheren Klebereiweiß-Anteil bemerkt man beim Backen: Dinkelmehl „klebt" bei der Teigbereitung mehr, ist sehr geschmeidig und dehnbar, allerdings etwas weniger formstabil als Weizenmehl.

In der Ernährungslehre nach Hildegard von Bingen nimmt der Dinkel eine besondere Rolle ein. Die bedeutende Universalgelehrte des Mittelalters schreibt in ihrem Werk *Physica*:

Nach Hildegard von Bingen besitzt der Dinkel (wohlgemerkt der Urdinkel!) nur positive Eigenschaften, wie sonst kaum ein Lebensmittel. Er dient daher als Basis für eine gesunde Ernährung. Und auch im Krankheitsfall kann Dinkel laut Hildegard von Bingen helfen: „... nimm die ganzen Körner des Dinkels, koche sie in Wasser, ... und es heilt ihn innerlich wie eine gute Salbe."

CHIEMUT – DAS PHARAONENKORN

Der Name „Chiemut“ ist eine Eigenkreation von uns – nachempfunden einer bekannteren geschützten Marke aus den USA, allerdings bei uns mit dem regionalen Bezug, da unser Getreide natürlich aus dem Chiemgau stammt.

Besondere Merkmale

Es handelt sich beim Pharaonenkorn um Khorasan-Weizen (*Triticum turgidum × polonicum*), eine alte Art des Sommerweizens, die aus einer Kreuzung von Hartweizen und einer Weizen-Wildform entstanden ist. Typisch ist die relativ große, kräftige Ähre mit schwarzen Grannen, in der große, goldfarbene Körner reifen.

Inhaltsstoffe und Geschmack

Chiemut enthält mit etwa 15–17 % mehr Eiweiß als herkömmlicher Weizen und gilt aufgrund der besonders leicht verdaulichen Kohlenhydrate und der biologisch hochwertigen Eiweißzusammensetzung als „Hochenergiegetreide“. Chiemut hat einen nussigen, leicht süßlichen Geschmack und überrascht in Backwaren mit einer sehr hellen Farbe, auch wenn Vollkornmehl verwendet wird. Unsere Chiemut-Nudeln beispielsweise sind kaum als Vollkornnudeln zu erkennen, da sie eine feingoldene Farbe besitzen (sie eignen sich also hervorragend zum „Schummeln“, wenn es nicht so vollkornbegeisterte Familienmitglieder zu überzeugen gilt). Sie haben einen guten Biss und einen fein-nussigen Geschmack.

CHIEMUT IN DER KÜCHE

Wegen des hohen Eiweißanteils und des Anteils an Klebereiweiß eignet sich Chiemut besonders gut für Backwaren. Es ergibt helle, lockere Vollkornbrote mit einer feinporigen Krume, die lange frisch und saftig bleiben. Auch Nudeln gelingen wunderbar, und das Perl-Chiemut (Chiemut-Reis) ist mit seinem großen, goldenen Korn ein Hingucker im Salat oder als Beilage.

Chiemut – das königliche Pharaonenkorn

BRAUNHIRSE – DAS REGIONALE SUPERFOOD

„Hirse" ist ein Sammelbegriff von unterschiedlichen Pflanzengattungen und -arten. Hirsearten gehören zu den Süßgräsern und damit zu den ältesten Getreidearten, sehen aber ganz anders aus als unsere übrigen Getreidearten. Es handelt sich um ein Spelzgetreide mit sehr kleinen Früchten. Die Körner sitzen während der Reife in einer großen, überhängenden, lockeren Rispe.

In der Vergangenheit hat die Hirse bei uns eine große Rolle gespielt, was sich z. B. in überlieferten Märchen (der berühmte Hirsebrei) widerspiegelt. In Deutschland gab es drei Hirsearten: Rispenhirse (*Panicum miliaceum*), Kolbenhirse (*Setaria italica*) und Bluthirse (*Digitalia sanguinalis*). Der Name Hirse wurde von einem indogermanischen Wort für „Sättigung, Nährung, Nahrhaftigkeit" abgeleitet. In Europa wurde vor allem die Rispenhirse angebaut. Heute gibt es in Deutschland keinen nennenswerten Anbau mehr.

Besondere Merkmale der Braunhirse

Die aufgrund ihrer Ursprünglichkeit für uns wichtige Braunhirse oder Echte Hirse ist eine rotorangefarbene Form der Rispenhirse. Sie wird auch Rothirse genannt und hat eine sehr harte, rötlich-braune Schale. Diese ist mit dem Mehlkörper so fest verbunden, dass das Schälen schwierig ist. Außerdem ist die Dichte an Nährstoffen in der Schale besonders hoch. Braunhirse wird daher (anders als z. B. die „Goldhirse", die geschält zum Breikochen verwendet wird) nicht geschält, sondern mit der Schale fein gemahlen.

Physiologie

Hirse gehört zu den C4-Pflanzen, die eine effizientere Photosynthese bei hohem Wärme- und Lichtangebot und bei niedrigem Wasserbedarf aufweisen. Die Hirse kommt dadurch sehr gut mit warmen, trockenen Sommern zurecht. So werden die meisten Hirsearten auch in Ländern mit großer Trockenheit angebaut.

Julia prüft den Reifegrad der Braunhirse.

Braunhirse – kleines Korn voller Mineralstoffe

Ursprüngliches Saatgut

Anders als beispielsweise die *Sorghum*-Hirse, die seit einigen Jahren züchterisch stark bearbeitet wird und wirtschaftlich eine große Bedeutung als Lebensmittel, aber auch als Energiepflanze gewonnen hat, wird die Ur- oder Braunhirse aus ursprünglichem Saatgut kultiviert.

Es gibt Funde, die darauf hinweisen, dass während der Steinzeit Rispenhirse im nördlichen Voralpenland genutzt wurde, danach breitete sie sich mehr und mehr aus. Im 18. Jahrhundert trat der Hirseanbau in Deutschland den Rückzug an.

Inhaltsstoffe

Mit etwa 10–11 % Protein liegt die Hirse etwa auf gleichem Niveau mit vielen Getreidearten, weist aber einen sehr viel höheren Mineralstoffgehalt auf. Wichtigster Inhaltsstoff, der die Braunhirse auch zu einem wahren Superfood macht, ist die Kieselsäure (Silicium), die eine wichtige Funktion als Aufbau- und Stützsubstanz hat. Sie festigt das Bindegewebe, sorgt für ein glattes, schönes Hautbild und für kräftige, glänzende Haare. Sie kann also als wahres Schönheitsmittel durchgehen!

Heilmittel

Viele unserer Kunden berichten über sehr gute Erfolge bei Arthrose und anderen Gelenkerkrankungen. Die Kieselsäure aus der Braunhirse soll auch bei Arteriosklerose helfen und Bluthochdruck regulieren. Außerdem stärkt sie innere Organe wie das Bronchien- oder Lungengewebe und zusammen mit Fluor hilft Kieselsäure bei der Gesunderhaltung der Zähne und sorgt für feste Finger- und Zehennägel. Kieselsäure stärkt die körpereigenen Abwehrkräfte und fördert

HIRSE IN DER KÜCHE

In Mitteleuropa wurde die Hirse früher nur als Brei gegessen, da sie von Natur aus glutenfrei ist und daher der zum Backen nötige Kleber fehlt. Trotzdem kann man die Braunhirse gemahlen zum Backen verwenden, für Backgut wie Fladenbrot, Plätzchen oder Pfannkuchen oder gemischt mit anderen Mehlen für Brot, Quiche, Pizza oder Kuchen. Sie hat einen fein nussigen, etwas süßlichen Geschmack.

Durch das Erhitzen werden einige Inhaltsstoffe verändert, aber die Kieselsäure bleibt erhalten. Meist wird Braunhirse daher gemahlen und roh im Müsli, Morgenbrei oder Smoothie (siehe S. 59) verwendet. Es finden sich im Buch einige Rezepte für die rohe und die erhitzte Zubereitung.

Generell gilt: Geht es vor allem um die Kieselsäure, so kann sie sehr gut zum Backen verwendet werden (¼ der Mehlmenge durch Braunhirsemehl ersetzen; bei Backwerken, die nicht stark aufgehen müssen, wie Pfannkuchen, Waffeln, Plätzchen oder Mürbteig sind auch größere Anteile oder die Verwendung pur möglich). Möchte man aber das „Gesamtpaket" an Mineralstoffen und Vitaminen zu sich nehmen, empfiehlt sich die Verwendung des rohen Mehls als eine Art Nahrungsergänzungsmittel.

die Bildung von Fresszellen, die Bakterien und Viren im Körper bekämpfen. In der Schale der Braunhirse sind zudem zahlreiche antioxidativ wirksame sekundäre Pflanzenstoffe enthalten. Die Braunhirse zählt zu den basenbildenden Getreidesorten und beugt somit einer Übersäuerung vor. Daneben sind die Mineralstoffe Fluor, Phosphor, Magnesium, Kalium und Zink und besonders die Vitamine der B-Gruppe, B_1, B_2, B_6, Folsäure, Pantothensäure und Niacin vertreten. Die Braunhirse gilt als eines der mineralstoffreichsten Getreide der Erde.

BUCHWEIZEN – DAS NÄHRENDE PSEUDOGETREIDE

Der Echte Buchweizen (*Fagopyrum esculentum*) ist kein Getreide, sondern ein Knöterichgewächs. Der Name bezieht sich auf die dreikantigen, bucheckernförmigen Früchte und auf seine Verwendung: Wegen seiner mehlhaltigen Früchte ist er ähnlich wie Getreide genutzt worden. Aus diesem Grund spreche ich in diesem Buch bei den Früchten des Buchweizens auch allgemein von „Körnern", auch wenn es sich botanisch um Achänen handelt, eine Sonderform der Nussfrucht.

Besondere Merkmale

Buchweizen sieht auf dem Feld wunderschön aus. Er hat dunkelgrüne, herzförmige Blätter, einen roten Stängel und zarte, weiß-rosa Blüten, die zu vielen in Rispen zusammenstehen und eine einzige „Wolkendecke" bilden, in die man sich am liebsten hineinlegen möchte. Für Bienen und andere blütenbesuchende Insekten ist die Blüte ein Traum, und die Imker in unserer Gegend freuen sich …

Duftig-leicht: unser Buchweizenfeld im Sommer

„Wolkig" und „erdig" – Buchweizen vereint beides

In der Reife bildet jede Blüte eine etwa korngroße Frucht, die wie eine kleine Buchecker aussieht. Damit man den Buchweizen verzehren kann, muss er geschält werden. Der Schalenanteil beträgt dabei bis zu 30 % und der Arbeitsaufwand ist hoch und nur mit einer speziellen Schältechnik möglich.

Inhaltsstoffe

Buchweizen enthält etwa 9–11 % Protein, das von hoher biologischer Wertigkeit ist. Zudem ist der Kohlenhydratanteil sehr hoch. Gluten ist nicht enthalten, was eine wunderbare Eigenschaft für Zöliakie-Betroffene darstellt, allerdings ein bisschen Fingerspitzengefühl beim Backen erfordert.

WÄRMEND UND SÄTTIGEND

Oft findet man aus Überlieferungen, dass Mahlzeiten aus Buchweizen eine besonders hungerstillende, wärmende und kraftgebende Wirkung nachgesagt wird. Er wurde daher als Schiffsproviant für lange Reisen oder als Frühstück für Waldarbeiter oder Bauern verwendet. Der Bauer an meinem Küchentisch isst seit Jahren jeden Morgen seinen Brei aus Buchweizengrütze, verfeinert mit etwas Obst und Leinöl (Rezept siehe S. 54). Und meist geht ihm die Kraft nicht aus, auch wenn an einem langen Arbeitstag in der Erntezeit manchmal die nächste Mahlzeit erst spätabends stattfindet.

Ein stabiles Ökosystem braucht Vielfalt.

Verwendung

Die stärkste Nutzung als Nahrungsmittel, Viehfutter, Bienenweide und für die Gründüngung erfuhr der Buchweizen in Deutschland im 18. und 19. Jahrhundert. Mit der Intensivierung der Landwirtschaft musste er Nutzpflanzen weichen, die sicherer im Anbau und ertragreicher waren. Heute kommt Buchweizen meist aus China oder Russland, in Deutschland ist er wegen der aufwendigen Bearbeitung weiterhin eher selten. Auch hat er in Deutschland nicht immer den kulinarisch besten Ruf: Oft erzählen mir die Kunden, sie hätten Buchweizen aus der Kindheit als etwas muffig in Erinnerung. Das war bei mir auch so, bis ich unseren eigenen Buchweizen probieren konnte.

Es kommt beim Buchweizen sehr darauf an, dass er nach der Ernte optimal gelagert wird, er mag es luftig, und das ist wohl bei einem monatelangen Schiffstransport im Container nicht möglich. Unser Buchweizen schmeckt nussig und frisch und ist nicht vergleichbar mit dem weitgereisten. Das ist insofern interessant, als man vielen Erzeugnissen ihre ferne Herkunft nicht unbedingt am Geschmack anmerkt, beim Weizenbaguette oder bei der Bohne aus der Dose muss man wahrscheinlich Spezialist sein, um die Herkunft herauszuschmecken. Bei Tomaten oder anderen unreif geernteten Gemüse- oder Obstsorten weiß man inzwischen, dass der frische und saisonale Bezug ausschlaggebend ist für einen guten Geschmack und eine möglichst gute Nährstoffzusammensetzung. Bei Wein oder Käse ist die Herkunft sogar eines der wichtigsten Kriterien bei der Qualitätsbeurteilung. Und so schmeckt man beim Buchweizen eben auch die Herkunft.

BUCHWEIZEN IN DER KÜCHE

Mischt man Buchweizenmehl mit kleberhaltigem Mehl, gelingen fast alle Rezepte. Möchte man dagegen pur mit Buchweizenmehl backen, eignen sich vor allem Teige, die nicht stark aufgehen müssen oder die mit Ei oder einem anderen Bindemittel zusammengehalten werden, wie Pfannkuchen, Waffeln, Plätzchen oder Ähnliches.

Das ganze Korn lässt sich wunderbar als Risotto (siehe S. 102) oder als Beilage zubereiten und ist ein wertvoller Kraftspender in Eintöpfen. Die Grütze eignet sich gut zum Backen und als Zutat im Müsli oder Morgenbrei.

Typische Gerichte aus Buchweizen sind in Nordamerika die Buchweizenpfannkuchen (Pancakes) mit Ahornsirup, die bretonische Galette, italienische Polenta, russische Kascha, japanische Buchweizennudeln oder in Südtirol die Schwarzplententorte.

Wir bieten an: Buchweizen ganz, Buchweizengrütze (= Buchweizen-Vollkornschrot) und Buchweizen-Vollkornmehl sowie Nudeln aus Buchweizen- und Urdinkelmehl.

BELUGA-LINSEN – WÜRZIG UND EDEL IM GESCHMACK

Linsen (*Lens culinaris*) gehören zu den Schmetterlingsblütlern innerhalb der Familie der Hülsenfrüchtler (Leguminosen).

Anbau

Diese Pflanzenfamilie ist für uns als Ackerbauern, die ohne tierische Dünger arbeiten, besonders wichtig, denn Leguminosen können den Stickstoff aus der Luft binden. Dazu gehen sie eine Symbiose mit stickstofffixierenden Bodenbakterien ein, und kommen so ohne Stickstoff aus dem Boden aus. Sie sammeln dieses für das Pflanzenwachstum wichtige Element, das sie nur zum Teil selbst verbrauchen. Ein großer Teil des Stickstoffs steht den mit den Leguminosen auf dem Feld wachsenden Pflanzen und vor allem der im folgenden Jahr auf dem Feld wachsenden Nachfrucht zur Verfügung. Das bedeutet, dass möglichst oft auf jedem Feld Leguminosen wachsen sollten, um die Bodenfruchtbarkeit zu steigern. Allerdings brauchen viele Fruchtarten auch eine Anbaupause, damit sich Krankheiten nicht ausbreiten können. Die Linse beispielsweise darf nur alle 4–6 Jahre auf dem gleichen Feld wachsen.

Bei den Linsen handelt es sich um sehr zarte Pflänzchen von 15–50 cm Höhe. Sie benötigen eine Rankhilfe, daher bauen wir sie immer in Mischung mit Getreide an, z. B. mit Hafer oder Emmer. Alle auf dem Feld wachsenden Fruchtarten werden mit dem Mähdrescher gemeinsam geerntet und dann durch aufwendige Siebverfahren in die unterschiedlichen Fraktionen getrennt.

Linsen haben keine große Chance gegenüber Unkräutern, daher sehen Felder mit Linsen mitunter ziemlich bunt aus. Die Blüten der Beluga-Linsen sind eher unscheinbar weiß-lila; aus ihnen entwickeln sich kurze Hülsen mit jeweils zwei Linsen darin.

Linsen wachsen in Mischkultur mit einer Stützfrucht.

Beluga-Linsen: zart und edel

Nachfrage und Herkunft

Linsen gehören wie Emmer und Einkorn zu den ältesten bei uns angebauten Kulturpflanzen. Aber durch schwache Unkrautkonkurrenz, sehr geringen Ertrag und hohen Aufwand bei der Aufbereitung ist der Linsenanbau in Deutschland heute selten. Auch die veränderten Ernährungsgewohnheiten trugen dazu bei. Insbesondere seit zu Beginn der 1960er-Jahre in Deutschland und anderen europäischen Ländern mit dem aufkommenden Wohlstand der Fleischkonsum eine Höhe erreichte wie nie zuvor, ging die Nachfrage nach Hülsenfrüchten stark zurück. Die Hälfte der weltweit angebauten Linsenmenge wird heute in Indien angebaut. Hier handelt es sich meist um rote und gelbe Linsen, die geschält werden und zu einer Art Brei zerkochen. Mittlerweile steigt die Nachfrage nach regional erzeugten Linsen wieder, aber da der Anbau so aufwändig ist, gibt es kaum Linsen aus Deutschland.

Nicht schälen, aber einweichen

Beluga-Linsen werden wegen der glänzend-schwarzen Farbe, aber auch wegen des feinen Geschmacks, „Kaviar-Linsen" genannt. Sie müssen nicht geschält werden und zerfallen beim Kochen nicht. Wer etwas empfindlich ist, weicht die Linsen ein und gießt das Einweichwasser weg, bevor die Linsen gekocht werden. Durch das Einweichen wird ein Großteil der enthaltenen Phytinsäure abgebaut.

Inhaltsstoffe

Gichtkranke sollten aufgrund des hohen Purin-Gehaltes den Verzehr von Linsen meiden.

Linsen enthalten 22–27 % Protein und sind damit eine hervorragende Eiweißquelle in der pflanzenbasierten Ernährung. Weiter sind sie reich an B-Vitaminen und Eisen.

BELUGA-LINSEN IN DER KÜCHE

Linsen sind bei trockener und kühler Lagerung fast unbegrenzt haltbar. Da sie nicht alle essenziellen Aminosäuren enthalten, empfiehlt sich die Kombination mit Getreideprodukten, um die biologische Wertigkeit zu erhöhen. Viele traditionelle Gerichte der alten Kulturen beruhen auf diesem Wissen.

Da Beluga-Linsen beim Kochen nicht zerfallen, eignen sie sich hervorragend für Linsensalate (siehe S. 75), als Beilage oder für Risotto. Aber auch Currys und Eintöpfe (siehe S. 72) oder auch Brotaufstriche (siehe S. 65) gelingen sehr gut. Die Garzeit beträgt 20–30 Minuten ohne vorheriges Einweichen. Durch das Einweichen verringert sich die Kochzeit.

Übrigens: Beluga-Linsen kann man auch gut keimen lassen. Einfach 8 Stunden mit Wasser bedecken, dann das Wasser abgießen und im Keimglas oder Sieb 3–4 Tage keimen lassen. Dabei regelmäßig mit klarem Wasser abspülen. Die Keimlinge schmecken wunderbar nussig und passen in den Salat oder aufs Butterbrot.

LEIN – OMEGA-3-SPITZENREITER

Ein blühendes Leinfeld in kräftigem, typischen Blau oder zartem Weiß sieht wunderschön aus. Allerdings nur bis zum Mittag – dann findet die Pracht ein jähes Ende und der Lein wirft seine Blütenblätter ab, die man dann nur noch als blauen Teppich zwischen den grünen Stängeln sehen kann. Bis zum nächsten Morgen, wenn sich wieder unzählige Blüten öffnen.

Nutzungsgeschichte

Lein (*Linum usitatissimum* = der Allernützlichste) oder Flachs wurde in ganz Europa, einschließlich Ägypten, seit den Anfängen des Ackerbaus als Faserpflanze für Leinwand und Nähgarn genutzt. Die Samen wurden zum Ölpressen und als Nahrungs- und Arzneipflanze verwendet.

Bei uns auf den Feldern wachsen nur Öllein-Sorten, da wir den Leinsamen und Leinöl gewinnen möchten. Die Flachsgewinnung für Fasern wird in Deutschland nicht mehr betrieben.

Inhaltsstoffe

Unsere Leinsamen enthalten etwa 30 % Öl, d.h. für die Gewinnung von 1 l Öl müssen etwa 3 kg Leinsamen gepresst werden. Übrig bleibt der Presskuchen, der als wertvolles Tierfutter gilt, oder den man fein vermahlen für Smoothies, Müsli und Co. verwenden kann. Kaltgepresstes Leinöl ist goldgelb und hat einen frischen, krautigen, etwas herben Geschmack.

Leinsamen enthalten mit 20–30 % viel Eiweiß, aber was das Leinöl einzigartig macht, ist sein hoher Gehalt an essenziellen Omega-3-Fettsäuren. Mit der normalen Ernährung nehmen wir mehr Omega-6- als Omega-3-Fettsäuren zu uns – beide sind essenziell, da sie unser Körper nicht selbst herstellen kann. Omega-3- und Omega-6-Fettsäuren sollten aber in einem guten Verhältnis zueinander aufgenommen werden (die DGE empfiehlt 1:5). Leinöl kann hier helfen, das Verhältnis hin zu den Omega-3-Fettsäuren zu verschieben. Denn unter den natürlichen Quellen gehört Leinöl zu den wenigen, in denen der Anteil der Omega-3-Fettsäuren den der Omega-6-Fettsäuren übersteigt. Das ist unter den anderen heimischen Ölen nur noch beim Leindotteröl (siehe S. 38, Tab. 1) der Fall.

Meer aus Lein – eine kurze Pracht

Von der Leinblüte zum Öl: zartes Blau und sattes Gold

LEINSAMEN UND LEINÖL IN DER KÜCHE

Leinöl sollten Sie kühl aufbewahren und nach dem Öffnen im Kühlschrank lagern (manche Kunden frieren es auch ein, es bleibt bis −20 °C flüssig). Brauchen Sie es am besten innerhalb von 4 Wochen auf.

Wenn Sie die verdauungsfördernde Wirkung vom Leinsamen nutzen möchten, sollten Sie den Leinsamen frisch geschrotet oder ganz ins Müsli o. Ä. geben. Entweder Sie weichen ihn vorher ein (Leinsamen bildet viele Schleimstoffe) oder Sie trinken viel dazu.

Geht es eher um die Inhaltsstoffe, ist das Öl zu empfehlen, weil hier die essenziellen Fettsäuren und Vitamine konzentriert vorliegen. Leinöl verwendet man pur, im Müsli oder im Smoothie. Man kann es auch als Salatöl nutzen oder in den Kräuterquark rühren.

LEINDOTTER – DAS ÖL DER WIKINGER

Der Leindotter (*Camelina sativa*), so unbekannt er noch ist, trägt viele Namen: Camelina, Saat-Leindotter, Dotterlein oder, französisch, „Sesame d'Allemagne" (deutscher Sesam). Der schönste Name ist aber wohl der im englischen Sprachraum gebräuchliche: „Gold of Pleasure". Das Goldene, Dotterfarbene bezieht sich wohl auf die gelbe Blüte, den kräftig rötlich braunen Samen oder das goldfarbene Öl.

Leindotter hat aber nichts mit Lein zu tun. Er gehört einer ganz anderen Pflanzenfamilie an, nämlich der der Kreuzblütengewächse (Brassicaceae). Der Name „Leindotter" stammt wahrscheinlich daher, dass andere Leindotter-Arten als Unkraut in Lein-Äckern auftreten.

Anbau und Merkmale

Wir bauen den Leindotter meist in Mischkulturen an, d. h. mit weiteren Sommerungen wie Hafer oder Linsen.
Während der Lein blau oder weiß blüht, trägt der Leindotter kleine, hellgelbe Blüten, die von Bienen und anderen blütenbesuchenden Insekten gern besucht werden. Daraus reifen Schötchen mit sehr kleinen (1–2 mm), länglichen, rotbraunen Samen heran.

Nutzungsgeschichte

Der Leindotter gehört zu unseren Ur-Pflanzen: seine Nutzungsgeschichte geht bis in die neolithische Zeit zurück. Vor allem aus der Bronze- und der frühen Eisenzeit liegen zahlreiche Funde aus dem östlichen und südlichen Europa vor, die auf die Nutzung des Leindotters deuten. Auch die Kelten und Wikinger kannten den Leindotter. Die Samen wurden im Brei verwendet. Ob auch schon Öl gewonnen wurde, ist nicht sicher.

Geschmack und Inhaltsstoffe

Die Samen des Leindotters – isst man sie pur – haben eine leichte Schärfe. Das Öl hat einen mild nussigen Geschmack, der auch etwas an Löwenzahn, Zuckererbsen oder Spargel erinnert. Für die Ernährung ist das Leindotteröl vor allem aufgrund des hohen Anteils von etwa 35 % an Omega-3-Fettsäuren sehr wertvoll. Wie beim Leinöl kann man durch den Verzehr des Leindotteröls das Verhältnis von Omega-3- zu Omega-6-Fettsäuren positiv beeinflussen.

Leindotteröl: das Öl einer vergessenen Pflanze

Im Leindotter erkennt man noch die Wildpflanze.

LEINDOTTERÖL IN DER KÜCHE UND ALS HEILMITTEL

Leindotteröl ist ein wunderbares Salatöl und schmeckt gut zu Pellkartoffeln, im Kräuterquark oder als Würze über die tellerwarmen Speisen gegeben. Wie alle kaltgepressten Öle sollte es nicht erhitzt werden.

Im südösterreichischen Raum wird das „Dotteröl" häufig als wirksames Hausmittel genutzt. Oral eingenommen soll es die Immunabwehr stärken, eingerieben fördert es die Wundheilung und soll arthrotische Beschwerden lindern. Aufgrund der Omega-3-Fettsäuren wirkt es entzündungshemmend und viele Kunden berichten uns von einer positiven Wirkung auf den Cholesterinwert und das Hautbild.

Leindotteröl muss man nicht unbedingt kühl lagern, und auch nach Öffnen der Flasche ist es noch einige Monate haltbar. Grund für diese lange Haltbarkeit ist das in größeren Mengen enthaltene Vitamin E, das als natürliches Konservierungsmittel die mehrfach ungesättigten Fettsäuen vor Oxidation schützt.

HANF – WUNDERPFLANZE AUCH OHNE RAUSCH

Der Anbau von Hanf (*Cannabis sativa*) ist jedes Jahr wieder eine Herausforderung auf unserem Hof. Zunächst einmal gibt es viel Papierkram zu erledigen, denn um in Deutschland Hanf, auch die THC-freien Ölsorten, anzubauen, braucht es Anbau- und Erntegenehmigungen, Feldabnahmen, Laboruntersuchungen und und und. Und damit ist noch nicht gesagt, dass er auch gedeiht, bzw. dass man etwas ernten kann.

Anbau

Man ist vor Überraschungen niemals sicher: Von einem fast durch Schnecken liquidierten Feld bis zu 3–4 m hohen „Baum"stämmen, vor denen der Mähdrescher nur knapp nicht kapitulieren muss, war alles schon dabei. Und dann gibt es da noch die Witzbolde, die ganze Lichtungen im Hanffeld anlegen, dort feiern und sich kofferraumweise mit Pflanzen eindecken, die definitiv nicht zu Rauschzwecken taugen. Mit dieser unerlaubten Ernte machen sie sich sogar strafbar. Aus all diesen erschwerten Anbaubedingungen resultiert auch der etwas höhere Preis für unser Hanföl.

Nutzungsgeschichte

Früher war der Hanf eine wichtige Faserpflanze, und glücklicherweise wird diese Tradition etwas wiederbelebt. Es handelt sich nämlich um eine wunderschöne, stark duftende Pflanze, die bis in die 1950er-Jahre in Deutschland, wenn auch nur in geringem Maße, angebaut wurde.

Inhaltsstoffe

Hanföl ist nach Lein- und Leindotteröl drittbester Lieferant für wertvolle Omega-3-Fettsäuen, betrachtet man die heimischen Ölpflanzen. Ansonsten hat es ein sehr ausgewogenes Fettsäuremuster und enthält auch die essenziellen Omega-6- sowie Omega-9-Fettsäuren.

Hanf: wunderschön, aber recht schwierig im Anbau

HANFÖL IN DER KÜCHE

Hanföl sollte man, wenn möglich, gekühlt aufbewahren und nach dem Öffnen innerhalb von 2–3 Monaten aufbrauchen. Es sollte nicht erhitzt werden, sondern in kalten Speisen wie Salaten, Brotaufstrichen, Pestos und beim Würzen von Speisen nach dem Kochen oder Braten verwendet werden. Der Geschmack ist kräftig nussig und es eignet sich gut zum Verfeinern von Speisen. Wie Kürbiskernöl kann man es z. B. über die Suppe oder in den Salat geben. Erstaunlich ist auch: Es schmeckt ganz hervorragend im Obstsalat oder im warmen Morgenbrei oder Müsli!

Hanföl ist neben wenigen anderen Ölen (Borretsch- und Nachtkerzenöl) ein wichtiger Lieferant der Gamma-Linolensäure, die entzündliche Vorgänge im Körper günstig beeinflussen kann. Zudem ist Gamma-Linolensäure essenziell für das Gehirn, insbesondere für die Nervenreizleitung, und senkt den Blutdruck.

Insgesamt ist der Ölanteil bei unserer Ernte relativ gering, nur 20 % Öl lassen sich aus den Samen gewinnen. Das Hanföl hat eine kräftig grüne Farbe, etwas ähnlich dem Kürbiskernöl, ist aber weniger sämig. Die grüne Farbe wird von dem hohen Chlorophyllgehalt sowie von Carotinoiden hervorgerufen.

Die geballte Kraft der ganzen Pflanze, konzentriert im Öl

VON „SATTMACHERN" UND „LEBENS-MITTELN"

Oft geht es mittlerweile darum, Lebensmittel, die diesen Namen kaum verdienen, zu „ver-brauchen", nicht darum, sich zu nähren. Wir versuchen, den Menschen urgesunde und wohlschmeckende „Mittel zum Leben" zur Verfügung zu stellen. So hoffen wir, dass unseren Lebensmitteln wieder mehr Wertschätzung entgegengebracht wird.

HERKUNFT UND QUALITÄT UNSERER LEBENSMITTEL

Man kann kein sauberes Trinkwasser, Äcker ohne Pestizidbelastung oder glückliche Tiere erwarten, wenn man zu Billigprodukten von irgendwo greift. Regionale Produkte in Bio-Qualität ohne Zusätze schonen die Umwelt und ernähren uns auf „gute" Weise.

Regionaler Einkauf

Oft reicht es leider nicht, auf den Werbehinweis „regional" oder „aus unserer Heimat" zu vertrauen, denn nicht immer steckt in der Packung mit dem Alpenpanorama und der Kuh darauf tatsächlich ein Produkt aus der Region. Regionalität ist im Übrigen auch kein Wert an sich. Das konventionelle Masthähnchen ist nicht ethisch vertretbar oder gesünder produziert worden, weil es aus dem Nachbardorf kommt. Hier sollten andere Kriterien den bewussten Einkauf beeinflussen. Bio-regional ist für mich der Maßstab.

Es gibt bisher keine Definition von Regionalität, sodass die Region ganz Auslegungssache der Anbieter ist: Das kann wahlweise ein Radius von ein paar Kilometern sein, oder auch mal ein Bundesland, oder ganz Deutschland. Letzteres hat sogar – so merkwürdig das ist – manchmal seine Berechtigung. Beispielsweise ist bei Getreide, Buchweizen oder Linsen eine Herkunft aus Deutschland wirklich schon regional, kommt doch ein Großteil, auch der Bio-Ware, aus der Ukraine, aus Kanada oder China.

Der Hofladen ist eine gute Möglichkeit für den Austausch zwischen Kunden und Erzeugern.

Warum Bio?

Es ist bekannt, dass bei der Produktion von Bio-Lebensmitteln keine Pestizide, Gentechnik oder schnelllöslicher Stickstoffdünger zum Einsatz kommen. Es geht aber um mehr: um Verantwortung gegenüber der Umwelt – dem Boden, den Pflanzen, den Tieren und den Menschen.

Zu allererst soll die hochwertige Produktqualität der menschlichen Gesundheit dienen. Es muss aber auch der gesamte Produktionsprozess entsprechend gestaltet sein. Beim Getreide umfasst das vom Saatgut ausgehend die gesamte Erzeugung des Ernteguts, die Verarbeitung, Verpackung, den Transport und die Vermarktung.

Die Bio-Lebensmittel enthalten weniger Nitrat, Pestizidrückstände und Schimmelpilze (siehe S. 35). Sie weisen höhere Werte bei sekundären Pflanzenstoffen, Vitaminen, Mineralstoffen und wertvollen Fettsäuren auf. Geschmacklich können Bio-Lebensmittel schon deshalb punkten, weil sie oft über einen geringeren Wassergehalt verfügen (Stickstoffdüngung regt zu starkem Wachstum an, was die Inhalts- und Geschmacksstoffe „verdünnt“). Somit liegen die geschmacksgebenden Stoffe in höherer Konzentration vor.

Stark verarbeitete Lebensmittel

In der Europäischen Union sind über 320 Hilfs- und Zusatzstoffe in Lebensmitteln zugelassen, in der ökologischen Erzeugung nach EU-Richtlinien 53. Hier sind etwa Farbstoffe, Stabilisatoren und Geschmacksverstärker vollständig verboten, die Bio-Anbauverbände haben noch strengere Vorgaben und erlauben nur 20 Stoffe.

In stark verarbeiteten Produkten steckt zu viel Fett, Salz und Zucker. Industrielle Produkte und ihre Werbeversprechen kritisch zu hinterfragen und sich mit Experimentierfreude und Liebe selbst an den Herd zu stellen, macht mehr Spaß, ist meist günstiger, bringt mehr Vielfalt und gesündere, schmackhaftere Speisen auf den Tisch.

Ölsaaten haben oft eine weite Reise hinter sich.

GETREIDE UND PSEUDOGETREIDE

Getreide ist nicht gleich Getreide. Deswegen ist es sinnvoll, genauer hinzuschauen, anstatt alle Getreidearten pauschal abzuwerten, wie es heute oft üblich ist. Es gibt exzellente (Ur-) Getreidearten und auch Buchweizen ist für unsere Ernährung sehr wertvoll. Zudem ist der Bayerische Reis eine wunderbare Alternative.

Verträglichkeit

Wenn es um die Verträglichkeit von Getreide geht, spielt auch immer die Verarbeitung eine große Rolle. Nehmen wir zum Beispiel das Brotbacken: Bei einer langen, langsamen und sorgfältigen Teigführung nach traditioneller Art bauen getreideeigene Enzyme, Bakterien und Hefen Stoffe so um, dass das Getreide verträglicher wird. Sie machen Nährstoffe verfügbar und entwickeln den für das Gebäck typischen Geschmack. Das alles kann nicht geschehen, wenn ein industriell gefertigtes Stück Brot innerhalb kürzester Zeit allein durch die Backtriebmittel aufgebläht und gebacken wird.

Gute Rohprodukte sind die Basis für hochwertige Lebensmittel.

Rund 200 Zusatzstoffe sind im Backgewerbe zugelassen, pro Teigart dürfen es 20 verschiedene sein. Konventionellem Mehl wird meist Ascorbinsäure zugesetzt, die es länger haltbar macht und die Verarbeitung für das industrielle Backen erleichtert. Enzyme und Emulgatoren sorgen für eine lockere Krume und die perfekte Bräunung. Außerdem sind die Billigzutaten wie Salz, Zucker und Fett in Mengen enthalten, die man beim Selberbacken nie verwenden würde. Nur so ist es möglich, dass ein Brötchen für 10 Cent, ein Brot für 2 Euro noch bis Ladenschluss „frisch" aufgetaut und aufgebacken in den Discounter-Auslagen liegen kann. Diese Produkte sorgen für Unverträglichkeiten und Umweltprobleme. Es ist also nicht das Getreide an sich, sondern unser Umgang damit, der zu Problemen führen kann.

Getreide – „das, was getragen wird"

Der Begriff Getreide leitet sich von dem althochdeutschen Wort *gitregidi* ab. Das heißt so viel wie *Ertrag*, *Besitz* oder *das, was getragen wird*. Getreide ist sehr wichtig für unsere Ernährung – allerdings nur in Bio-Qualität.

Ernährung mit Getreide

Getreide und Pseudogetreide, wie der Buchweizen, den ich hier aufgrund seiner Verwendung in der Küche wie ein Getreide behandeln will, sind die Basis unserer Ernährung. 10 000 Jahre lang haben (Ur-)Getreidearten die Menschheit begleitet und ernährt. Sie sind vielseitig in der Küche verwendbar, geben uns wichtige Energie und können gut gelagert werden, was früher für Notzeiten, heute für unkompliziertes Küchenmanagement wichtig war und ist.
Rohes Getreide ist jedoch für den Menschen nur schwer verdaulich. Wenn man seine Flocken fürs Müsli selbst in einer Flockenquetsche herstellt oder an Frischkornflocken herankommt, sollten diese vor dem Verzehr einige Zeit in Wasser einweichen. So wird die Phytinsäure, die im Getreide (und auch in Hülsenfrüchten) vorkommt und Mineralstoffe an sich bindet, abgebaut.
Oft geht es in Bezug auf Ur-Körner, besonders bei weizenfreier Ernährung, schwerpunktmäßig um Amaranth, Hirse, Reis, Quinoa usw., also Arten, die normalerweise eine weite Reise hinter sich haben. Hier lohnt es sich, genau nach der Herkunft zu fragen, evtl. auf regionale Alternativen umzusatteln und Getreide direkt beim Bauern zu kaufen. Hier empfehle ich wieder Bio-Ware.

Gesunde Pflanzen – gesunde Lebensmittel

Bis vor wenigen Jahren war es im konventionellen Anbau üblich, kurz vor der Ernte das Getreide mit dem Unkrautvernichtungsmittel Glyphosat zu behandeln. Das ist jetzt zwar nicht mehr uneingeschränkt, aber immer noch erlaubt.

Glyphosat findet sich bei 70 % der deutschen Bevölkerung mittlerweile im Urin, man findet es in der Muttermilch und – im Bier. Wer hier sichergehen will, kauft einfach Bio-Getreide, am besten aus regionalem Anbau.

Manchmal fragen Kunden besorgt, ob nicht im Bio-Getreide Schimmelpilze (z. B. Fusarien) vorkommen. Das war wohl in der Anfangszeit des Ökolandbaus wirklich ab und an ein Problem. Mittlerweile ist Bio-Getreide nachweislich deutlich weniger durch Mykotoxine (Pilzgifte) belastet als konventionelles Getreide. Das liegt vor allem an den vielgestaltigen Fruchtfolgen, weniger Maisanbau, der ausgewogeneren Düngung, insbesondere der geringeren und nicht schnell verfügbaren Stickstoffdüngung, einer geringeren Bestandsdichte und einer Sortenwahl, die zu deutlich geringeren Belastungen mit Mykotoxinen führt. Bei den Urgetreidearten kommt hinzu, dass die Halme oft wesentlich länger sind, während konventioneller Weizen mit Hormonen behandelt wird, damit er kurz bleibt und bei der starken Stickstoffdüngung nicht umfällt. Somit haben bei den alten Sorten die bodenbürtigen Pilze einen viel weiteren Weg bis zur Ähre, in der die Körner noch dazu durch Spelzen vor Umwelteinflüssen geschützt liegen.

Getreide ist die Grundlage unserer Ernährung.

VERWENDUNG IN DER KÜCHE

Für den **Frischkornbrei** verwendet man Flocken oder Getreideschrot, beides sollte vorquellen oder leicht erwärmt werden.

Müsli ist auch heute noch eine beliebte Mahlzeit mit viel Getreide. Eine gute Kombination mit Getreide, das selbst kein Vitamin C enthält, ist Obst. Auch Nüsse werten die Getreidemahlzeit zusätzlich auf.

Gekeimtes Getreide enthält mehr verwertbare Aminosäuren, Chlorophyll und andere Vitalstoffe als das ungekeimte Korn und lässt sich beim Brotbacken, im Müsli oder auch als Sprossen im Salat verwenden.

Hauptsächlich wird Getreide natürlich in Form von **Mehlen**, **Grieß** und **Schrot** verwendet. Für das Verständnis der Typenbezeichnungen (405, 1050 etc.) auf der Mehltüte ist nur eins wichtig: Je höher die Zahl, desto mehr Mineralstoffe sind im Mehl enthalten. Es geht nicht um die Feinheit des Mehls (unsere Vollkornmehle z. B. sind sehr fein gemahlen), sondern die Mehltype gibt in mg an, wieviel Mineralstoffe pro 100 g Mehl enthalten sind.

Eine weitere Möglichkeit, die (Ur-)Getreide zu genießen, ist der **Bayerische Reis** (siehe S. 36). Er findet genau wie Reis Verwendung als Beilage, für Risottos, als Suppeneinlage, für Bratlinge oder Milchreis.

Außerdem spielen natürlich auch **Nudeln** eine Rolle in der gesunden und trotzdem auch mal schnellen Küche.

Buchweizen zählt zu den Pseudogetreidearten und ist von Natur aus glutenfrei. Das ganze Korn kann man wie Reis zubereiten. Der rötliche Schaum, der beim Kochen entsteht, ist normal und kann untergerührt oder abgeschöpft werden.

BAYERISCHER REIS

Der Bayerische Reis ist eine „Erfindung“ unseres Hofes, mit der wir unseren Kunden einen ganz unkomplizierten Zugang zu den alten Getreidearten ermöglichen wollten. Dinkelreis, Kernotto o. Ä. gab es schon länger, auch Gerstengraupen sind allgemein bekannt, aber die alten Getreidearten mussten erst zugänglich gemacht werden. Die Art der Bearbeitung des Korns ist bei allen genannten Arten ähnlich, auch ähnlich der Herstellung von weißem Reis, bei dem die äußere Kornschicht nahezu vollständig abgeschliffen wird. Allerdings konnten wir durch jahrelange Arbeit ein Verfahren entwickeln, bei dem das Korn nur punktuell angeraut – im Fachjargon: „poliert“ – wird. Das Kochwasser kann dadurch schneller aufgenommen werden, als es beim ganzen Korn möglich ist, ohne dass man es einweichen muss. Und trotzdem bleibt es ein vollwertiges Produkt, bei dem möglichst viel der wertvollen Randschicht erhalten bleibt. So ist eine einfache, schnelle Getreideküche möglich. Urgetreide-Arten, an die sich sonst nur wenige „herangetraut“ haben, bekommen so einen festen Platz in der unkomplizierten Alltagsküche.

AUFBEWAHRUNG UND HALTBARKEIT

Das ganze Korn lässt sich sehr gut lagern, man kann es immer im Vorratsschrank haben. Richtig gelagert ist Getreide mehrere Jahre haltbar. Die Körner sollten trocken, kühl und am besten in einer Papiertüte aufbewahrt werden. Wer Angst vor Schädlingen hat, sollte Getreide im verschlossenen Behälter (besser Glas als Plastik) aufbewahren.

Unser Bayerischer Reis ist mindestens 10 Monate haltbar. Man kann ganz leicht am Geruch erkennen, ob das Getreide noch in Ordnung ist: Riecht es nussig und nach frischem Korn, kann das ganze Korn und das Perlgetreide (Getreide als „Reis“ zum Kochen) auch lange nach Ablauf des Mindesthaltbarkeitsdatums verwendet werden. Wenn es pilzig riecht, war die Lagerung zu feucht und man sollte die Körner nicht mehr verwenden.

Der Bayerische Reis wird genau so wie „normaler“ Reis verwendet – aber er besteht aus heimischem Urgetreide.

HÜLSENFRÜCHTE

Sojabohnen, Lupinen, Linsen, Erbsen oder Bohnen gehören zu den Hülsenfrüchten und sind sehr reich an Nährstoffen, insbesondere Eiweiß, und arm an Kalorien. Sie enthalten viel Vitamin B_1, B_6 und Folsäure. Der hohe Kaliumgehalt senkt den Blutdruck, und sie sollen zur Darmgesundheit und zu einem ausgeglichenen Cholesterinspiegel beitragen. Hülsenfrüchte spielen eine große Rolle in der vegetarischen Ernährung und sind sehr vielseitig zuzubereiten: Als Zutat im Eintopf, als Salat oder als Brotaufstrich, im Curry oder als Beilage.

Soja-Produkten wird oft nachgesagt, sie seien sehr stark verarbeitet. Außerdem hat der Großteil der Sojabohnen (wie übrigens der meisten Hülsenfrüchte) eine sehr lange Reise und fragwürdige Anbaumethoden hinter sich. Es gibt aber mittlerweile schon Produkte, die komplett aus deutschen Sojabohnen bestehen, und es gibt kleine Unternehmen, die aus Sojabohnen und Lupinen wunderbaren Tofu oder Tempeh herstellen. Diesen Produkten ist auf jeden Fall der Vorzug zu geben. Die meisten Linsensorten kommen heute aus Indien, Kanada, Russland, USA und China. In Deutschland gibt es nur sehr wenige Produzenten von Linsen, viele hören wieder mit dem Anbau auf, weil er so mühsam ist.

AUFBEWAHRUNG UND VERWENDUNG

Ungeschälte Hülsenfrüchte sind mehrere Jahre haltbar, wenn sie kühl, dunkel und trocken in der Papiertüte oder im Glas lagern.

Vor dem Verzehr sollten größere getrocknete Hülsenfrüchte wie Weiße Bohnen, Kidneybohnen, Kichererbsen oder Erbsen über Nacht eingeweicht werden, dann verringert sich die Garzeit. Linsen müssen nicht vorher eingeweicht werden, empfindliche Menschen können damit aber die Verträglichkeit verbessern (Einweichwasser abgießen).

Für die großen Hülsenfrüchte gilt auch: Erst nach dem Kochen salzen, sonst werden sie nicht richtig weich. Bei unseren Beluga-Linsen spielt das keine Rolle – sie können gleich in Gemüsebrühe oder Salzwasser gekocht werden.

ÖLE UND BRATFETT

Im Gegensatz zu Pflanzenölen, die durch Warmpressung und Raffination hergestellt werden und geschmacksneutral sind, bleiben bei kaltgepressten Ölen die Inhaltsstoffe der verwendeten Ölfrucht erhalten und ihr Geschmack, Geruch und Farbe sind charakteristisch. Bei der Kaltpressung sind zwar Temperaturen von bis zu 75 °C erlaubt, für eine schonende Pressung sollten jedoch 45 °C nicht überschritten werden. In unserer Ölmühle, wie auch in den meisten kleinen, handwerklichen Mühlen, liegt die maximale Presstemperatur bei 30–40 °C und ergibt so Rohkostqualität.

Die nach dem Abfüllen noch im Öl vorhandenen kleineren Schwebteilchen enthalten zahlreiche Lignane und Antioxidantien, das Öl ist demnach eigentlich umso wertvoller, je trüber es ist. Die Teilchen setzen sich meist am Flaschenboden ab, können aber durch aufschütteln ganz einfach mitverwendet werden.

Beim Öl lohnt es sich in Bezug auf Regionalität besonders genau aufs Etikett zu schauen. So kommt beispielsweise der größte Anteil an Leinsamen aus China, den USA und der Türkei. Viele Ölmühlen kaufen dort ihre Saaten und werben mit Regionalität, weil das Öl in der Region erzeugt wird, oder aber handeln mit dem in den Herkunftsländern fertig produzierten Öl, schreiben sich aber ihren regionalen Firmensitz auf die Fahnen.

Gutes, kaltgepresstes Öl aus regionaler Ölsaat ist eine feine Rarität.

Öl hält sich am besten kühl und dunkel gelagert. Omega-3-Fettsäure-reiche Öle sollte man nach Anbruch im Kühlschrank aufbewahren, nur beim Leindotteröl ist das aufgrund des hohen Vitamin-E-Gehaltes nicht unbedingt notwendig, schadet aber auch nicht.

Tabelle 1: Quellen für Omega-3-Fettsäuren

Quelle	Gehalt an Omega-3-Fettsäuren	Verhältnis Omega-6 zu Omega-3
Leinöl	58 % (56–71 %)	1 : 4
Leindotteröl	35 % (–38 %)	1 : 2
Hanföl	17 %	3 : 1
Walnussöl	13 %	6 : 1
Rapsöl	9 %	2 : 1
Atlantischer Lachs	1,8 %	
Sardellen	1,7 %	
Sardine	1,4 %	

Quelle: Reder, K. (2014): Schlank – fit – gesund. Der Normalzustand.

VERWENDUNG IN DER KALTEN KÜCHE

Unsere drei Öle sind von den regional verfügbaren die mit den höchsten Gehalten an Omega-3-Fettsäuren. Besonders Lein- und Leindotteröl können das Verhältnis von Omega-3- zu Omega-6-Fettsäuren sehr positiv beeinflussen (siehe Tab. 1).

Unsere Öle sind für die kalte Küche geeignet, für Salate, Müsli und Smoothie oder zum Würzen nach dem Erhitzen. Kaltgepresstes Öl sollte nicht in der Pfanne verwendet werden, höchstens zum leichten Andünsten. Es ist zu schade und außerdem neigen die mehrfach ungesättigten Fettsäuren kaltgepresster Öle beim Erhitzen dazu, sich in schädliche Transfettsäuren umzuwandeln.

BRATEN IN DER PFANNE

Zum Braten verwende ich in diesem Buch meistens Butter. Gut geeignet ist auch Butterschmalz (Ghee).

Wer keine tierischen Produkte zu sich nehmen möchte, kann (gute) Margarine oder Öle verwenden, die einen hohen Anteil (mind. 70 %) an einfach ungesättigten Fettsäuren und einen hohen Rauchpunkt (über 200 °C) haben. Dazu zählen Kokosöl (= Kokosfett), Palmöl (= Palmfett), Avocadoöl und die raffinierten Varianten von Maiskeimöl, Rapsöl, Sonnenblumenöl, Traubenkernöl, Erdnussöl, Sojaöl und Distelöl.

Auch gibt es spezielle High-Oleic-Züchtungen bei Sonnenblumen, die rund 80 % einfach ungesättigte Ölsäure enthalten. Diese Öle werden durch Desodorieren der großen Hitze in der Pfanne angepasst und sind geschmacksneutral.

Olivenöl ist nur für das schonende Anbraten bei Temperaturen bis zu 130–175 °C geeignet. Beim Braten in der Pfanne entstehen schnell Temperaturen bis zu 200–350 °C.

Generell gilt: Öle und Fette sollten nicht so stark erhitzt werden, dass sie zu rauchen beginnen, da dann schädliche Stoffe entstehen können.

GEMÜSE UND OBST

Gemüse sollte regional – und damit auch saisonal – sein und aus ökologischer Erzeugung stammen. Hier sind besonders große Unterschiede hinsichtlich der gesundheitlich wirksamen und geschmacksgebenden Inhaltsstoffe, der Menge an Pestizidrückständen und des Energie- und Wasserverbrauchs bei der Produktion zu sehen. Auch die Arbeitsbedingungen auf manchen Plantagen sind nicht tragbar.

Gemüse und Obst vom anderen Ende der Welt müssen aber nicht automatisch eine schlechtere Ökobilanz haben. Letzten Endes entscheiden das die Jahreszeit und die Art des Transports: Im Frühling und Sommer sind Äpfel aus deutschem Anbau den Importfrüchten ökologisch kaum noch überlegen, weil sie monatelang in Kühlhäusern gelagert werden müssen. Spanische (Bio-)Tomaten sind im Winter ökologischer als Tomaten aus dem beheizten Gewächshaus in Holland. Aber statt zu fragen, was das kleinere Übel ist, kann die Frage natürlich auch lauten: Müssen im Winter denn überhaupt Tomaten auf den Tisch? Obst oder Gemüse, das per Flugzeug angeliefert wird, ist im Vergleich zu heimischen Früchten natürlich immer ein echter Klimakiller. Im konventionellen Anbau sind über 250 Wirkstoffe als Pflanzenschutzmittel in Deutschland zugelassen. Die erlaubten Höchstmengen auf Lebensmitteln werden aus Tierversuchen abgeleitet, und hier wird meist nur ein einziger Wirkstoff untersucht, nicht aber das Zusammenwirken mehrerer. Wer hier die Risiken minimieren möchte, kauft Bio-Produkte.

HALTBARMACHEN

Viele Obst- und Beerensorten lassen sich problemlos einfrieren. Auch die weiteren traditionellen Konservierungsmethoden für Obst, Gemüse, Kräuter, Blüten und Pilze wie Einkochen, Trocknen, Einlegen in Öl, Essig, Alkohol oder Salz oder die Milchsäuregärung erleben wieder eine zarte Renaissance.

Die saisonale Küche bietet kurze Wege und besten Geschmack.

BUTTER, EIER, KÄSE, MILCH & CO.

Aus meiner Sicht sollten Eier, Milchprodukte, Fleisch und Fisch ausschließlich aus ökologischer Tierhaltung stammen, da man sich nur so sicher sein kann, dass die Mindeststandards für ein würdevolles Leben des Tieres eingehalten werden und die Umweltschäden durch die Tierhaltung und -fütterung begrenzt sind. Außerdem sind durch den geringeren Kraftfutter- und den höheren Raufutteranteil die Werte an Omega-3-Fettsäuren in Milchprodukten und Fleisch um ein Vielfaches höher. Die Hormon- und Pestizidbelastung sowie die Belastung mit Antibiotikarückständen sind in Biolebensmitteln tierischer Herkunft geringer.

Besonders beim Einkauf von tierischen Produkten sollte man immer auf Bio-Produkte achten.

NÜSSE UND KERNE

Sonnenblumenkerne und Leinsamen aus China, Walnüsse aus den USA ... Bei den Ölsaaten steht es noch auf der Verpackung, dagegen gibt es meist keine Herkunftsangabe auf der Verpackung von geschälten Nusskernen, da dies nicht verpflichtend ist. Die meisten Nüsse im Handel kommen aber von weit her: Erdnüsse, Mandeln und eben die Walnüsse aus den USA, Cashewkerne aus Indien oder China. Hier empfiehlt es sich, auf Walnüsse oder Haselnüsse aus der Region zurückzugreifen.

Saaten wie Leinsamen, Sonnenblumen- oder Kürbiskerne gibt es mittlerweile auch aus deutschem oder zumindest österreichischem Bio-Anbau.

GEWÜRZE UND KRÄUTER

Kräuter sind oft das i-Tüpfelchen auf den Speisen. Hier gilt: Was gerade im Garten, auf der Fensterbank oder im Topf wächst, ist das Kraut, das in den Kochtopf wandert. Frische Kräuter versorgen uns mit einer Menge an Vitalstoffen, die nicht zu unterschätzen ist. Sie würzen auch intensiver als getrocknete. Wer kann, legt sich aber trotzdem im Sommer einen kleinen Vorrat zum Trocknen oder Einfrieren an. Dafür sollten die Kräuter vor der Blüte geerntet werden.

Konventionelle Kräuter, ob nun getrocknet oder im Topf, weisen oft Pflanzenschutzmittelrückstände auf, besonders gilt das für Ware aus dem Ausland. Hier sind Bio-Kräuter die bessere Wahl.

HALTBARMACHEN

Man kann die meisten Gartenkräuter klein geschnitten (z. B. im Eiswürfel) einfrieren (Schnittlauch, Bärlauch, Petersilie, Thymian, Majoran, Dill, Liebstöckel, Estragon, Oregano, Kerbel, Borretsch oder Koriander). Auch Trocknen ist eine gute Möglichkeit (Salbei, Rosmarin, Lorbeer, Oregano, Thymian, Zitronenmelisse, Pfefferminze). Basilikum sollte man lieber immer frisch im Topf ziehen, was auf der Fensterbank ganzjährig möglich ist.

Getrocknete Kräuter können im Winter die gespeicherte Sonne in ein Gericht zaubern. Trocken und lichtgeschützt kann man sie gut lagern und sich somit das ganze Jahr mit den vielseitigen Aromen und positiven Inhaltsstoffen versorgen.

Kräuter punkten mit Geschmack und Vitalstoffen.

ZUCKER

Ich verwende in den Rezepten im Buch Zucker oder Honig. Obwohl es viele Alternativen gibt und Zucker einen schlechten Ruf hat, ist für mich der eine Punkt entscheidend: „Die Dosis macht das Gift“. Es gibt bei uns nicht jeden Tag Kuchen oder Milchreis. Ich glaube, in Maßen ist Zucker nicht schlechter als Agavendicksaft oder Ahornsirup – mit dem Unterschied, dass es z. B. süddeutschen Bio-Rübenzucker gibt, und damit die Anbaubedingungen für mich transparenter und die Wege kürzer sind als bei erstgenannten Süßungsmitteln – oder gar beim Rohrohrzucker. Auch Brauner Zucker ist nicht „besser“. Hier handelt es sich meist um herkömmlichen, raffinierten Haushaltszucker, dem etwas Melasse zugeführt wurde. Vollrohrzucker ist weniger stark verarbeitet als raffinierter Zucker und hat mehr Mineralstoffe.

Honig ist durch seine ganze Zusammensetzung ein natürliches und sehr wertvolles Produkt. Ich finde es wichtig, Honig zu verwenden, denn die Imkerei ist – richtig gemacht und mit Respekt vor dem Tier – ein wichtiger Beitrag zu unserer Agrarkultur. Beim Honig ist wieder die Herkunft für mich entscheidend. Ich möchte keinen Honig vom anderen Ende der Welt, der vielleicht auch noch mit Zucker gestreckt wurde. Sondern ich möchte den ökologisch und / oder vernünftig wirtschaftenden Imker aus der Region unterstützen, damit er für seine Bienen und damit auch für das Ökosystem sorgen kann.

SALZ

Auch wenn in der Vollwertküche oft das Himalaya-Salz gepriesen wird, bin ich der Meinung, dass das Ur-Salz aus Deutschland die bessere Wahl ist. Der Weg ist kurz (wir haben hier im Chiemgau natürlich die Salzbergwerke direkt vor der Haustür), und beide Salze stammen sowieso aus dem gleichen Ur-Meer. Himalaya-Salz soll etwas mehr Mineralstoffe enthalten. Aber wie beim Zucker gilt auch hier: Wir verwenden davon sehr wenig, der Mineralstoffgehalt, der dabei aufgenommen wird, ist verschwindend gering und leicht durch die Speisen, die damit gewürzt werden, gedeckt.

SUPERFOODS

Mittlerweile hat es sich herumgesprochen, dass heimische „Superfoods“ wie Leinsamen, Braunhirse, Heidelbeeren, Holunderbeeren, Himbeeren, Johannisbeeren, Brennnesseln, Grünkohl, bittere Salatsorten, Topinambur, Walnüsse, Senf, Meerrettich, Feldsalat oder Sonnenblumenkerne den exotischen Arten mindestens ebenbürtig sind – und in Sachen Regionalität natürlich weit überlegen, wenn auf die Herkunft geachtet wird. Chia, Moringa & Co. werden meiner Meinung nach nicht benötigt, um uns ganzjährig mit allen Nährstoffen ausreichend zu versorgen.

SCHWERPUNKTE IM BUCH

Nie war das Angebot an Lebensmitteln so groß wie heute. Die fast unbegrenzten Wahlmöglichkeiten führen bei vielen Menschen zu Ermüdung und Überforderung. Selbst auferlegte Regeln, dieses Angebot einzuschränken, sind die Folge. Außerdem steigt die Sehnsucht nach Lebensmitteln, die dem eigenen Lebensgefühl und den individuellen Werten entsprechen. Vegetarisch, vegan, Rohkost, Ernährung nach Blutgruppen oder nach Bruker, Hildegard von Bingen oder Bircher-Benner, High, Low oder No Carb, Paleo, Clean Eating, exotische Superfoods ... Eine Vielzahl an Ernährungsstilen gibt Antworten und Halt. Jeder definiert hier die Kriterien anders. Dabei hilft es, dem eigenen „Bauchgefühl“ zu folgen, sich zu informieren, seine Konsumgewohnheiten zu hinterfragen und dann die für einen persönlich passenden Entscheidungen zu treffen.

VEGETARISCH ODER VEGAN?

In diesem Buch beschreite ich eine Art „Mittelweg“. Ich selbst koche vegetarisch, oft vegan. Viele Gerichte lassen sich aber gut mit Fleisch oder Fisch kombinieren. Für die Übersicht kennzeichne ich die Rezepte, die bis auf das Bratfett vegan sind, und schreibe „Butter oder Öl“. Mit Öl sind pflanzliche Öle (siehe S. 38) gemeint.

Frische Speisen selbst zubereiten – mit guten Zutaten kann und darf es auch einmal schnell gehen.

Tabelle 2: Zutaten und ihre veganen Alternativen

Im Rezept verwendet	Vegane Alternative
Honig	Agavendicksaft, Ahornsirup, Reissirup, Kokosblütensirup, Zucker, Apfelsüße (Apfeldicksaft), Birnendicksaft, veganer Löwenzahnhonig, Zuckerrübensirup
Butter oder Butterschmalz	vegane Margarine, Kokosöl, Avocadoöl, High-Oleic-Sonnenblumenöl
Joghurt	Soja-, Reis-, Mandel-, Hanf- oder Kokosjoghurt, Seidentofu
Quark	Soja-, Cashew- oder Mandel-Quark, Seidentofu
Sahne	Soja-, Dinkel-, Mandel-, Hafer- oder Reis-Cuisine
Saure Sahne	Tofu- oder Nuss-Basis
Crème fraîche	Soja-Schmand
Milch	Hafer-, Dinkel-, Soja-, Mandelmilch
Käse	veganer Käse aus Nüssen, Soja, Reis oder Hefeflocken
Ei	Stärke- oder Sojamehl, ½ reife Banane, Apfelmus, Leinsamen, Ei-Ersatz, Seidentofu, Johannisbrotkernmehl
Parmesan	veganer Parmesan (Mischung aus 100 g Mandeln (geschält und gemahlen), 2 EL Hefeflocken und 1 TL Salz)

Butter oder Butterschmalz lassen sich gut durch pflanzliche Öle oder vegane Margarine ersetzen (siehe Tab. 2). Außerdem lässt sich jedes Rezept leicht in eine vegane Variante umwandeln (siehe Tab. 2).

WEIZENFREI

Gute Nachrichten für Weizen-Allergiker: Sie finden in diesem Buch ausschließlich Rezepte ohne Weizen. Ich sehe zwar das Thema Weizen relativ entspannt. Aber die Tatsache ist nicht zu bestreiten, dass wir im normalen Alltag (beim Auswärts-Essen, der Kuchen der Arbeitskollegin, die Brezel zwischendurch usw.) schon genügend modernen Weizen zu uns nehmen. So tut man gut daran, dort wo es möglich ist, auf Alternativen zu setzen.

Was Gluten betrifft, kennzeichne ich die Rezepte extra, wenn sie glutenfrei sind. Menschen, die komplett ohne Gluten essen möchten oder müssen, können aber natürlich mit etwas Phantasie in vielen Rezepten beispielsweise das Emmer- oder Einkornmehl durch glutenfreie Mehle, wie z. B. Buchweizen- oder Braunhirsemehl, ersetzen. Die meisten Rezepte, in denen mit dem Bayerischen Reis gekocht wird, lassen sich mit unserem Buchweizen wunderbar zubereiten.

SCHNELL UND UNKOMPLIZIERT

Rezepte, die besonders schnell und ohne „Wartezeit“ wie das Abkühlen-Lassen oder Teig-gehen-Lassen zuzubereiten sind, kennzeichne ich als „Blitz-Rezepte“.

Ich verwende saisonale und regionale Zutaten mit ein paar wenigen Ausnahmen, insbesondere bei den Gewürzen. Meine Rezepte sind meist für vier Personen gedacht. Die Zutaten dafür sind oft im Haus, vieles kann man gut im Vorratsschrank lagern und die Zubereitung geht einfach und schnell.

KÜCHENTIPPS UND BASISREZEPTE

Hier möchte ich in aller Kürze ein paar Tipps für die Verwendung der Zutaten in den Rezepten geben.

Für die regionale Alltagsküche braucht es kein Hightech – mit Utensilien wie aus Omas Küche gelingt es auch.

KOCHEN MIT BAYERISCHEM REIS

Bayerischer Reis ist unsere regionale Alternative zu „normalem" Reis. Er wird aus dem Korn durch ein spezielles Verfahren (Polieren, siehe S. 36) gewonnen. So entsteht aus normalem Getreide das Perl-Getreide.

Man verwendet Bayerischen Reis ganz genau wie „normalen" Reis für Beilagen, Gemüsefüllungen, Risotto, Bratlinge, Salate und Co. Es gibt ihn in fünf besonderen Sorten:

Perl-Dinkel, auch Dinkel-Reis, Kochdinkel, Kernotto oder Dinkelino genannt, wird wie Reis verwendet. Die Kochzeit beträgt etwa 25 Minuten ohne Einweichen der Körner. Perl-Dinkel eignet sich besonders gut für Risotto, da er sehr weich kocht, ohne zu zerfallen. Außerdem rundet der typisch nussige Dinkel-Geschmack die Speisen ab. Auch für Milchreis verwende ich ihn gern.

Perl-Emmer hat ein kräftig-nussiges Aroma. Die Kochzeit beträgt etwa 25 Minuten ohne Einweichen der Körner. Er eignet sich besonders gut als Beilage anstelle von Reis, für „Reis"-Salate, Pfannengerichte und Füllungen.

Perl-Einkorn eignet sich als Beilage anstelle von Reis, für Risotto, für Pfannengerichte, Füllungen, Getreideklöße oder -bratlinge. Auch im Milchreis ein Gedicht! Es hat einen mild-buttrigen Geschmack und wird beim Kochen etwas glasig.

Perl-Chiemut schmeckt mild-nussig und hat ein sehr großes, goldfarbenes Korn. Er lässt sich gut zu Risotto oder Salat verarbeiten, aber auch als Beilage schmeckt er sehr gut. Er kocht ca. 5 Minuten länger als die übrigen Perl-Getreidesorten.

Urgetreide-Mix besteht aus geperltem Urdinkel, Emmer sowie Einkorn in einer ausgewogenen Rezeptur. Er ist sehr vielseitig verwendbar und hat alles Gute von den drei Urkorn-Sorten in sich! Man kann alle Sorten in den Rezepten untereinander austauschen. Perl-Chiemut braucht insgesamt etwas mehr Zeit und Flüssigkeit. Möchte man ein sämiges Ergebnis (wie im Milchreis), eignen sich besonders gut Perl-Einkorn und Perl-Dinkel. Für alle anderen Zubereitungen entscheidet die persönliche Vorliebe! Es empfiehlt sich dazu, die Einzelsorten einmal nach dem Basis-Rezept (siehe S. 46) zuzubereiten.

FETT ZUM BRATEN ODER AUSBACKEN

In den Rezepten schreibe ich meist „Butter oder Öl“. Zur Verwendung verschiedener Öle und Fette siehe S. 37, Kapitel „Öle und Bratfett“.

Die Menge ist abhängig von der verwendeten Pfanne (z. B. beschichtete Pfanne oder Eisenpfanne), von der Menge dessen, was man anbraten möchte, und vom eigenen Geschmack. Ich verwende meist etwa 30–50 g Butter. Viele Rezepte sind bis auf die verwendete Butter vegan. Hier bitte einfach das Bratfett austauschen (siehe S. 43, Tab. 2).

SELBST GEMACHTES CHILIÖL

In eine Flasche Leindotteröl gibt man 3–5 Chilischoten, verschließt die Flasche und lässt das Öl einfach weiter bei Raumtemperatur stehen. Nach ein paar Tagen ist es schon verwendbar. Mit der Zeit wird es immer schärfer!

Ebenso kann man auch mit feinen Knoblauchscheiben, getrockneten Tomatenstückchen oder Kräutern verfahren.

In meine Rezepte wandert gerne mal die eine oder andere Knoblauchzehe hinein. Man darf sie aber auch weglassen.

VOLLKORNNUDELN KOCHEN

Die Zubereitung unserer Nudeln, Vollkornnudeln anderer Hersteller oder allgemein Nudeln ohne Hartweizengrieß und Ei unterscheidet sich ein wenig von der Zubereitung der klassischen Hartweizen-Spaghetti. Unsere Nudeln haben eine sehr kurze Kochzeit von 3–5 Minuten. Man sollte sie zwischendurch immer mal probieren, denn vor allem wenn man einen Nudelauflauf oder Nudelsalat machen möchte, kann man schon etwas früher abseihen. Es empfiehlt sich auch, die Pasta mit kaltem Wasser abzuschrecken und danach auf ein Backblech oder in eine große Auflaufform zu geben, damit sie abdampfen können und später nicht kleben. Danach wie gewohnt in die Servierschüssel geben, eventuell etwas Öl oder Butter darübergeben und gleich servieren.

WEITERE TIPPS

Pfeffer sollte immer frisch aus der Mühle verwendet werden.

Brennnesseln eignen sich auch roh für Salate wunderbar – mit dem Nudelholz bearbeitet, sodass die Brennhaare brechen, ist es auch „ungefährlich“. In Smoothies stark zerkleinert oder gedünstet in Gerichten statt Spinat brennt die Brennnessel ohnehin nicht mehr.

Buchweizen, Bayerischen Reis oder Linsen zu **waschen** ist aus hygienischen Gründen sicher nicht nötig. Beim „normalen“ Reis macht man das bei einigen Zubereitungsarten, um freie Stärke herauszuwaschen und um zu verhindern, dass er anschließend zusammenklebt. Das ist beim Bayerischen Reis, beim Buchweizen und bei unseren Linsen nicht notwendig, das Waschen schadet aber natürlich auch nicht.

BAYERISCHER REIS

ca. 20–25 Minuten

Für 4 Personen

200 g Bayerischer Reis (siehe S. 44)

600 ml Gemüsebrühe oder Wasser

1 Den Bayerischen Reis und die Flüssigkeit in einen ausreichend großen Topf geben, aufkochen lassen, dann bei sehr geringer Hitze mit geschlossenem Deckel köcheln lassen.

2 Nach 20 Minuten testen, ob das Korn gar ist. Ist es noch zu körnig, etwas Wasser zugeben (ca. 50 ml) und weitere 5 Minuten köcheln lassen. Danach noch kurze Zeit quellen lassen und mit Salz abschmecken, evtl. mit etwas Butter oder Öl verfeinern.

MEIN TIPP

So zubereitet schmeckt der Bayerische Reis als Beilage zu allen Gerichten, in denen sonst Reis verwendet wird. Man kann ihn aber noch weiter verarbeiten und gedünstetes Gemüse dazugeben, ihn als Füllung für Gemüse, zur Herstellung von Bratlingen oder für Salate oder Suppen verwenden.

Achtung: Perl-Chiemut braucht etwa 5 Minuten länger und etwas mehr Gemüsebrühe, da das Korn größer ist!

MEIN TIPP ZUM BAYERISCHEN REIS

In den Rezepten kann man alle verschiedenen Sorten untereinander austauschen. Lediglich für den Milchreis würde ich eher Perl-Einkorn und Perl-Dinkel empfehlen, da Perl-Emmer und Perl-Chiemut vom Korn her etwas härter sind und nicht so sämig kochen.

RISOTTO

ca. 30–40 Minuten

Für 4 Personen

1 Zwiebel

2 Knoblauchzehen

200 g Bayerischer Reis (siehe S. 44)

30 ml Olivenöl

50 ml Weißwein
(oder 50 ml Gemüsebrühe mehr)

900–950 ml Gemüsebrühe, heiß

Salz, Pfeffer

50 g Parmesan oder Bergkäse

2 EL Sahne

1 Zwiebeln und Knoblauch abziehen und fein hacken.

2 Den Bayerischen Reis und das Öl in einen Topf geben und unter Rühren anschwitzen, bis alle Körner vom Öl ummantelt sind. Dann Zwiebeln und Knoblauch dazugeben. Mit dem Wein und einem Teil der heißen Gemüsebrühe ablöschen und offen ziehen lassen.

3 Einköcheln lassen. Kellenweise nach und nach die gesamte Gemüsebrühe aufgießen, bis die gewünschte Konsistenz erreicht ist.

4 Käse und Sahne unterziehen, abschmecken.

MEIN TIPP

Das Risotto schmeckt wunderbar pur, Sie können aber auch gedünstete Pilze, Gemüse oder auch gebratenen Tofu dazugeben. Außerdem eignet es sich gut für Gemüsefüllungen.

SUPPENWÜRZE

Es gibt gute (Bio-)Gemüsebrühen in Pulverform zu kaufen, mit und ohne Hefe etc. Ich finde aber, es geht nichts über eine selbst gemachte Suppenwürze.

ca. 30 Minuten

Vorrat für mehrere Monate

- 200 g Lauch
- 200 g Petersilienwurzel
- 200 g Karotten
- 200 g Knollensellerie
- 1 Bund Petersilie
- 200 g Salz

1 | Gemüse putzen und in Stücke schneiden. Alles miteinander in den Mixer geben oder durch den Fleischwolf drehen und zerkleinern, bis eine musartige, kleinstückige Konsistenz entsteht.

2 | In Schraubgläser abfüllen und kühl lagern.

MEIN TIPP

Die Würze ist im Kühlschrank mehrere Monate haltbar und schmeckt schön intensiv, kann also sparsam verwendet werden. Für eine Gemüsebrühe löst man etwa 1 gehäuften TL Suppenwürze in 1 l Wasser.

SALATDRESSING

Da es den Kochalltag erleichtert, schaffe ich mir gern Vorräte. So auch bei einem Salatdressing wie der einfachen Vinaigrette, die es zu vielen meiner Salate gibt. Man kann eine größere Menge davon machen und im Schraubglas im Kühlschrank aufbewahren, wenn man regelmäßig Salat isst.

ca. 5 Minuten

Vorrat für 1 Woche

- 1 Knoblauchzehe
- 15 EL Leindotteröl
- 10 EL Balsamico-Essig
- Pfeffer, Salz

1 | Den Knoblauch abziehen und durch eine Knoblauchpresse geben.

2 | Alle Zutaten in ein Schraubglas füllen und kräftig durchschütteln. Mit Pfeffer und Salz abschmecken.

MEIN TIPP

Wer mag, gibt noch seinen Lieblingssenf dazu. Das Dressing ist im Kühlschrank mindestens 1 Woche haltbar. Frische Kräuter können dann extra über den Salat gegeben werden.

BÄRLAUCH-PESTO

ca. 30 Minuten

Vorrat für mehrere Wochen

8 Handvoll Bärlauch
200 ml Leindotteröl
5 EL Sonnenblumenkerne
Salz

1 | Den Bärlauch waschen und gut trocknen lassen. Grob zerkleinern.

2 | Den Bärlauch und das Leindotteröl in einen starken Mixer geben. Pürieren, bis die gewünschte Konsistenz erreicht ist. Zum Schluss die Sonnenblumenkerne dazugeben und noch einmal kurz durchmixen. Mit Salz abschmecken.

3 | In Schraubgläser füllen und kühl lagern.

MEIN TIPP

Das Pesto ist gekühlt mehrere Wochen haltbar. Es schmeckt sowohl als Brotaufstrich als auch zu Pasta und zum Bayerischen Reis.

LEINDOTTER-QUARK

ca. 10 Minuten

Für 4 Personen

Schnittlauch oder andere Kräuter
1 Knoblauchzehe
500 g Quark (40 % Fett)
4 EL Naturjoghurt
3 EL Leindotteröl
Salz
Pfeffer

1 | Kräuter hacken, Knoblauchzehe abziehen und durch die Knoblauchpresse geben.

2 | Kräuter, Knoblauch, Quark, Joghurt und Öl verrühren, bis ein cremiger Quark entsteht.

3 | Mit Salz und Pfeffer abschmecken und mit ein paar Kräutern garnieren.

MEIN TIPP

Der Leindotter-Quark schmeckt zu den Bratlingen, Knuspertalern, als Füllung in herzhaften Crêpes und auch zu Pellkartoffeln.

Die folgenden zwei Soßen finde ich sehr passend zu vielen Gerichten mit dem Bayerischen Reis, daher möchte ich sie hier aufführen. Sie sind schnell gemacht und lassen sich im Kühlschrank mehrere Tage aufbewahren oder auch portionsweise einfrieren. Hier im Buch werden sie zu Gemüse gereicht, das mit Bayerischem Reis gefüllt wurde (siehe S. 93).

ROTE SOSSE: TOMATENRAGOUT

Vegan, glutenfrei
Blitz-Rezept
ca. 20 Minuten

Für 4 Personen

- 1 Schalotte (oder Zwiebel)
- 3 Knoblauchzehen
- ½ oder 1 Chilischote, je nach gewünschter Schärfe und Größe / Schärfegrad der Chili
- 2 EL Olivenöl
- 750 g gehackte Tomaten aus der Dose (oder frische Fleischtomaten)
- je 1 TL Thymian, Oregano und Rosmarin
- 3 Lorbeerblätter
- Salz
- Pfeffer

1 Schalotte und Knoblauch abziehen, Chilischote entkernen und alles fein hacken. Olivenöl in einem Topf erhitzen. Schalotten, Knoblauch und Chili darin andünsten. Die Tomaten dazugeben.

2 Thymian, Oregano und Rosmarin hacken. Gehackte Kräuter und Lorbeerblätter zum Tomatenragout geben. Etwa 10 Minuten bei kleiner Hitze einkochen lassen.

3 Mit Salz und Pfeffer abschmecken. Vor dem Servieren Lorbeerblätter entfernen.

MEIN TIPP

Schmeckt gut zum Bayerischen Reis pur oder zu gebratenem oder mit dem Bayerischen Reis gefülltem Gemüse aller Art.

GELBE SOSSE: KÜRBISSPIEGEL

Glutenfrei
Blitz-Rezept
ca. 20 Minuten

Für 1 Person

- ½ Hokkaido-Kürbis
- Gemüsebrühe
- ½ TL Kurkuma
- ½ TL Curry
- 100 ml Sahne
- Salz
- Pfeffer

1 Den Kürbis waschen, entkernen und (mit Schale) in etwa 1 cm große Würfel schneiden. In einen Topf geben und mit Gemüsebrühe bedecken. Kurkuma, Curry und Sahne dazugeben und köcheln lassen, bis der Kürbis weich ist.

2 Einen Teil der Kürbisstückchen herausnehmen und beiseite stellen. Dann den restlichen Kürbis mit dem Pürierstab zu einer sämigen Soße pürieren. Mit Salz und Pfeffer abschmecken.

3 Die beiseite gestellten Kürbisstückchen wieder dazugeben bzw. auf dem Teller damit anrichten. Mit Salz und Pfeffer abschmecken.

MEIN TIPP

Gibt Speisen durch die tolle Farbe zusätzlich etwas Besonderes und schmeckt zu allen Sorten von Bayerischem Reis.

FRÜHSTÜCK

KNUSPERMÜSLI SELBST GEMACHT

Frühling
Vegan
Blitz-Rezept
ca. 30 Minuten

Für einen Wochenvorrat für 2 Personen (ca. 500 g)

- 100 g Haferflocken
- 100 g Urdinkelflocken
- 100 g Einkornflocken
- 100 g Buchweizengrütze
- 20 g Sesam
- 40 g Sonnenblumenkerne
- 40 g gehackte Nüsse (Hasel-, Walnüsse)
- 3 EL flüssiger Honig oder Apfeldicksaft (wer es eher süßer mag, nimmt 5 EL Honig)
- ½ TL Salz

1 Den Backofen auf 150 °C (Ober-/Unterhitze) vorheizen.

2 Alle Zutaten in einer Schüssel gut vermischen. Ein Blech mit Backpapier belegen, die Müsli-Mischung darauf verteilen.

3 Im Ofen 35–40 Minuten rösten, dabei gelegentlich umrühren. Aus dem Backofen nehmen, vollständig auskühlen lassen.

4 In ein großes Schraubglas füllen. Hält sich kühl und trocken aufbewahrt mehrere Wochen.

Mit frischen Beeren oder Obst, Joghurt und Milch genießen.

MEIN TIPP

Im Alltag zählt morgens manchmal jede Minute – wie schön, wenn man dann ein schnelles, gutes Frühstück zur Hand hat, das die nötige Energie für den Tag gibt. Das gelingt mit dem Wochenvorrat an Knuspermüsli ganz einfach. Dieses Rezept lässt viel Fantasie zu: Ganz nach Geschmack können Sie es mit unterschiedlichen Nüssen, Trockenfrüchten und -beeren variieren. Diese erst nach dem Backen hinzugeben.

URKORN-FRISCHKORNBREI ODER „OVERNIGHT OATS“

Sommer

ca. 5 Minuten
+ 8 Stunden zum Durchziehen

Für 1 Person

- 1 EL Haferflocken oder -schrot
- 1 EL Urdinkelflocken oder -schrot
- 1 EL Einkornflocken oder -schrot
- 1 EL Leinsamen
- 100 ml Milch oder Sahne
- 50 ml Apfelsaft
- 1 kleiner Apfel
- 150 g Naturjoghurt

1. Flocken bzw. Schrote und Leinsamen mit der Milch und dem Apfelsaft in einer Schüssel gut vermischen.
2. Über Nacht (oder ca. 8 Stunden) abgedeckt kühl stehen lassen.
3. Vor dem Verzehr den Apfel reiben und mit dem Joghurt unter die Mischung geben.
4. Nach Geschmack mit weiterem frischen Obst und/oder einer Handvoll Nüssen garnieren, bei Bedarf mit etwas Honig süßen.

MEIN TIPP

Der Frischkornbrei lässt sich schon am Abend vorbereiten und spart so Zeit für ein geruhsames Frühstück – und durch das lange Durchziehen werden die Getreideflocken besonders bekömmlich.

ENERGIE-FRÜHSTÜCK MIT BUCHWEIZEN

- Winter
- Vegan, glutenfrei
- Blitz-Rezept
- ca. 10 Minuten

Für 4 Personen

- 200 g Buchweizengrütze
- 600–700 ml Milch oder Pflanzendrink
- 80 g Nüsse oder Mandeln
- 100 g Beeren
- etwas Hanföl

1. Buchweizengrütze in der Milch aufkochen lassen, ohne Hitze etwa 5 Minuten quellen lassen.
2. Nüsse in einer Pfanne ohne Fett leicht anrösten und grob hacken. Beeren waschen und verlesen.
3. Die Grütze mit Nüssen, Beeren und Hanföl anrichten und noch warm servieren.

MEIN TIPP

Wenn Ihnen der Geschmack des Buchweizens zu intensiv ist, können Sie auch gleiche Teile Buchweizengrütze und Getreideflocken mischen.

Außerhalb der Beerensaison schmeckt das Energie-Frühstück auch wunderbar mit klein geschnittenen, getrockneten Früchten oder gedünstetem Apfel und etwas Zimt, Kardamom und Kurkuma, verfeinert mit einem Löffel Mandelmus.

FRÜHSTÜCKSMUFFINS

Herbst
Blitz-Rezept
ca. 15 Minuten
+ 25 Minuten Backzeit

Ergibt 12 Muffins

- 200 g Einkorn-Vollkornmehl
- 100 g Buchweizengrütze
- 70 g Zucker
- 150 g Butter oder Margarine
- 2 Eier
- ¼ l Milch
- 2 TL Weinsteinbackpulver
- 1 TL Vanillezucker
- 50 g Müslimischung (fertig oder siehe S. 52)
- 3 Handvoll Johannisbeeren

1 Alle Zutaten außer der Müslimischung und den Beeren miteinander verrühren, bis ein glatter Teig entsteht.

2 12 Muffinförmchen auf Muffinbleche verteilen und den Backofen auf 180 °C vorheizen.

3 Die Müslimischung unter den Teig rühren und den Teig auf die Muffinförmchen verteilen. Beeren auf die Muffins geben und leicht in den Teig drücken. Etwas Müslimischung darüberstreuen und 25–30 Minuten backen.

Die Muffins schmecken noch warm oder abgekühlt.

MEIN TIPP

Statt frischer Beeren können Sie auch tiefgekühlte nehmen. Einfach unaufgetaut in den Teig stecken. Wer keine Beeren zur Hand hat, nimmt klein geschnittene Obststückchen. Lecker sind dazu säuerliche Äpfel, Sauerkirschen, Aprikosen oder Zwetschgen.

DAZU &
ZWISCHENDURCH

GRÜNER SMOOTHIE MIT EINKORNFLOCKEN

Frühling
Vegan
Blitz-Rezept
ca. 10 Minuten

Für 1 Person

2 Handvoll Wildkräuter
1 Apfel
2 EL Einkornflocken
150 ml Apfelsaft oder (Pflanzen-)Milch
1 TL Leinöl
evtl. etwas Honig oder Apfeldicksaft oder 1 Banane

1 | Die Blätter der Wildkräuter vom Stängel abzupfen oder, wenn er weich genug ist, Stängel mitverwenden. Waschen und abtropfen lassen.

2 | Apfel vom Kerngehäuse befreien und in grobe Stücke schneiden.

3 | Alle Zutaten in den Mixer geben und zerkleinern.

MEIN TIPP

Für den Grünen Smoothie eignen sich sehr gut Brennnessel, Spinat, Feldsalat, Radieschengrün, Postelein oder andere Wildkräuter, die nicht zu bitter schmecken. Löwenzahn, Spitzwegerich, Rauke oder Giersch nur in Maßen verwenden, der Geschmack dominiert sonst sehr. Auch Gartenkräuter (Petersilie, Schnittlauch usw.) kann man je nach Geschmack gut verwenden.

Wer es süßer mag, kann etwas Honig oder Apfeldicksaft oder eine Banane hinzufügen.

BEEREN-SMOOTHIE MIT HANFMEHL

Sommer
Vegan, glutenfrei
Blitz-Rezept
ca. 10 Minuten

Für 1 Person

1 Handvoll Beeren (frisch oder tiefgekühlt)
200 ml Apfelsaft
1 TL Hanfmehl
1 TL Hanföl
1 TL Braunhirse

1 | Die Beeren verlesen.

2 | Alle Zutaten in einen Mixer geben und fein zerkleinern.

KERNIGER BUCHWEIZEN-RIEGEL

Winter

ca. 15 Minuten + 30–40 Minuten Backzeit

Ergibt 15 Riegel

- 125 g Butter
- 230 g flüssiger Honig (z. B. Waldhonig)
- 75 g Urdinkelflocken
- 75 g Einkornflocken
- 100 g Buchweizengrütze
- 75 g Kürbiskerne
- 1 TL Zimt

1. Die Butter in einem kleinen Topf bei niedriger Temperatur zerlassen. Alle Zutaten mit der Butter in einer großen Schüssel gut vermengen.

2. Die Masse etwa 2 cm dick auf ein kleines (bzw. halbes) mit Backpapier ausgelegtes Backblech oder in eine Auflaufform geben (etwa 34 × 25 cm) und mit einem Löffel etwas festdrücken.

3. Im vorgeheizten Backofen 30–40 Minuten backen, bis die Ecken leicht gebräunt sind.

4. Mit dem Papier vom Blech nehmen und auf einem Gitter abkühlen lassen, dann in Riegel schneiden.

Bei kühler Aufbewahrung sind die Riegel im Glas oder in einer Dose mehrere Tage haltbar. Sie können auch eingefroren und portionsweise aufgetaut werden.

APFEL-NUSS-SCHNITTE

Herbst
Vegan
ca. 15 Minuten
+ 40–50 Minuten
Backzeit

Ergibt 25 Riegel

- 90 g vegane Margarine (oder Sonnenblumenöl oder Butter)
- 90 ml Milch oder Pflanzendrink
- 8 EL Apfelmus
- 100 g Einkornflocken
- 100 g Haferflocken
- 60 g Urdinkel-Vollkornmehl
- 120 g brauner Zucker
- 80 g Apfelringe oder Apfel-Chips (getrocknet)
- 15 g getrocknete Himbeeren
- 50 g gehackte Walnüsse
- 30 g Hanfsamen
- 50 g Sonnenblumenkerne
- 3 EL Braunhirse-Vollkornmehl
- 3 EL Leinsamen
- 1 Prise Salz

1 Die Margarine in einem kleinen Topf bei niedriger Temperatur zerlassen.

2 Alle Zutaten in einer großen Schüssel vermengen.

3 Die Masse etwa 2 cm dick auf ein mit Backpapier ausgelegtes Backblech geben und mit einem Löffel etwas festdrücken.

4 Im vorgeheizten Backofen 40–50 Minuten backen, bis die Ecken leicht gebräunt sind.

5 Mit dem Papier vom Blech nehmen und auf einem Gitter abkühlen lassen, dann in Riegel schneiden.

6 Bei kühler Aufbewahrung im Glas oder in einer Dose sind die Schnitten mehrere Tage haltbar. Sie können auch eingefroren und portionsweise aufgetaut werden.

MEIN TIPP
FÜR EINE PLASTIKFREIE VERPACKUNG

Wo es möglich ist, versuchen wir auf Plastik zu verzichten. Zur Aufbewahrung und zum Mitnehmen für unterwegs bieten sich hier in Bienenwachs getränkte Baumwolltücher an, die man reinigen und immer wieder verwenden kann. Alternativ das gute alte Geschirrtuch, Butterbrotpapier, Schraub- oder Bügelgläser oder eine Edelstahlbrotbox.

BRAUNHIRSE-ENERGIE-KUGELN

Sommer
Vegan
ca. 10 Minuten
+ Kühlzeit: 4 Stunden

Ergibt 20 große oder 40 kleine Kugeln

- 50 g Butter oder vegane Margarine (oder Kokosöl)
- 150 g Urdinkelflocken
- 5 EL Milch oder Pflanzendrink
- 80 g flüssiger Honig oder Birnendicksaft
- 40 g Walnüsse, fein gemahlen
- 40 g Sonnenblumenkerne, fein gemahlen
- 8 gestrichene EL Braunhirse-Vollkornmehl
- 2 EL Apfelsaft

ZUM DARIN WÄLZEN:

Flocken, Leinsamen, Braunhirsemehl oder Buchweizengrütze

1 Das Fett erhitzen und die Flocken zugeben, rösten. Milch dazugeben und bei kleiner Hitze garen lassen, bis die Milch aufgenommen ist. Abkühlen lassen.

2 Die restlichen Zutaten dazugeben und mit angefeuchteten Händen Kugeln formen.

3 In Flocken, Saaten, Mehl oder Grütze wälzen.

4 Die Kugeln etwa 4 Stunden kühl stellen.

MEIN TIPP

Bei kühler Aufbewahrung im Glas oder in einer Dose sind die Energie-Kugeln mehrere Tage haltbar.

KNUSPERKEKSE

Herbst

Vegan, glutenfrei

ca. 30 Minuten
+ 60 Minuten Teigruhe
+ 10 Minuten Backzeit

Für ca. 20–25 Kekse

65 g Buchweizen-Vollkornmehl

65 g Braunhirse-Vollkornmehl

65 g Buchweizengrütze

80 g Zucker

½ TL Zimt

1 EL Wasser

100 g kalte (!) Butter oder vegane Margarine

1 Alle Zutaten in einer Schüssel miteinander verkneten, bis ein gleichmäßiger Teig entsteht. Teig 1 Stunde im Kühlschrank ruhen lassen.

2 Auf gut bemehlter Fläche nicht zu dünn ausrollen. Eine Folie zwischen Teig und Nudelholz legen, damit der Teig nicht festklebt. Backofen auf 160 °C vorheizen.

3 Eine Ausstechform oder ein Glas mit etwas Mehl bestäuben, Figuren oder Kreise ausstechen. Man kann auch Rollen formen und davon Scheiben abschneiden. Mit Hilfe eines breiten Messers auf ein mit Backpapier belegtes Backblech geben. Etwa 10 Minuten im Backofen bei 160 °C backen.

4 Auf einem Gitter auskühlen lassen. Luftdicht verschlossen in einem Glas oder einer Dose aufbewahren und genießen.

MEIN TIPP

Die Kekse eignen sich für die Weihnachtsbäckerei ebenso wie für den Keks zum Kaffee und Tee das ganze Jahr hindurch, da Buchweizen und Braunhirse einen sehr nussigen Geschmack geben.

Ich verwende lieber Ceylon-Zimt als Cassia-Zimt. Er ist zwar etwas teurer, aber er enthält deutlich weniger Cumarin und hat einen edleren, aromatischeren Geschmack.

URGETREIDE-GEMÜSE-AUFSTRICH

Winter
Vegan
ca. 30 Minuten

Für 4 Personen

- 1 Zwiebel
- 1 Karotte
- 2 EL Petersilie, gehackt
- 50 g Butter oder Öl
- 100 g Bayerischer Reis (Sorte Urgetreide-Mix)
- 600 ml Wasser
- 1 TL Salz
- Pfeffer
- ½ TL Paprika, gemahlen
- 2 EL Hanföl

ZUM ANRICHTEN:

Kräuter (z. B. Schnittlauch, Petersilie, Dill)

1 Die Zwiebel und die Karotte fein würfeln und zusammen mit der gehackten Petersilie in der Butter oder im Öl in einem Topf andünsten.

2 Bayerischen Reis dazugeben und mit Wasser aufgießen. Aufkochen lassen und 15–20 Minuten bei niedriger Hitze köcheln lassen, bis die Körner weich sind. Abkühlen lassen.

3 Leicht pürieren und mit Salz, Pfeffer, Paprikapulver und Hanföl abschmecken.

4 Den Brotaufstrich in einer kleinen Schüssel mit frischen Kräutern bestreut servieren oder gleich Brotscheiben damit bestreichen.

MEIN TIPP

Mit etwas Naturjoghurt verfeinert bekommt der Aufstrich eine noch frischere Note.

Statt der Karotte können Sie auch anderes Gemüse, z. B. Zucchini, Paprika, Tomate o. Ä. verwenden.

NUSSIGER BUCHWEIZEN-AUFSTRICH

Herbst
Vegan, glutenfrei
ca. 40 Minuten

Für 4 Personen

- 1 Zwiebel
- 2 Knoblauchzehen
- 30 g Öl
- 100 g Buchweizen
- 300 ml Wasser
- 100 g Walnüsse, gehackt
- 2 EL Hanföl
- ½ – 1 TL Salz, Pfeffer
- 2 EL Schnittlauch oder andere Kräuter, gehackt

1. Die Zwiebel und die Knoblauchzehen schälen und fein würfeln. Im Öl glasig dünsten.
2. Buchweizen dazugeben und mit dem Wasser aufgießen. 15 Minuten köcheln lassen, bis der Buchweizen weich ist.
3. Nüsse und Öl zugeben und alles leicht pürieren. Abkühlen lassen. Mit Salz und Pfeffer abschmecken.
4. Den Brotaufstrich in einer kleinen Schüssel mit den Kräutern bestreut servieren oder gleich Brotscheiben damit bestreichen.

MEIN TIPP

Statt der Walnüsse schmecken auch geröstete Sonnenblumen- oder Haselnusskerne.

PIKANTER LINSENAUFSTRICH

Frühling
Vegan, glutenfrei
ca. 40 Minuten

Für 4 Personen

- 100 g Beluga-Linsen
- 250 ml Gemüsebrühe
- 50 g Butter oder Öl
- 1 Knoblauchzehe
- 4 EL Leindotteröl
- 50 ml Wasser
- ½ TL Salz, Pfeffer

ZUM ANRICHTEN:

Frische Kräuter (z. B. Schnittlauch, Petersilie, Dill)

1. Die Linsen in der Gemüsebrühe aufkochen, dann bei geringer Hitze mit Deckel 20 Minuten köcheln lassen. Butter oder Öl dazugeben, gut durchmischen und weitere 5 Minuten ziehen lassen. Abkühlen lassen.
2. Den Knoblauch grob hacken und zu den Linsen geben. Öl und Wasser dazugeben. Alles pürieren und mit Salz und Pfeffer abschmecken.
3. Den Brotaufstrich in einer kleinen Schüssel mit Kräutern bestreut servieren oder Brotscheiben damit bestreichen.

MEIN TIPP

Je nach Geschmack können Sie den Aufstrich mit etwas frischem Zitronensaft und Chili verfeinern.

VORSPEISEN, SUPPEN & SALATE

GEFÜLLTE CHAMPIGNONS

Herbst
Glutenfrei
Blitz-Rezept
ca. 30 Minuten

Vorspeise für 4 Personen

- 1 Bund Schnittlauch
- 2 kleine Zwiebeln oder Schalotten
- 20 kleine oder 15 größere frische Champignons (die Köpfe sollten schon leicht geöffnet sein)
- 40 g Butter
- 2 EL Buchweizengrütze
- 8 EL Gemüsebrühe
- 150 g Käse, z. B. Bergkäse
- 4 EL Crème fraîche
- Salz
- Pfeffer
- etwas Öl

1 Schnittlauch grob hacken. Die Zwiebeln schälen und fein würfeln. Pilze trocken abbürsten, Stiele abknicken und fein hacken, Köpfe beiseite stellen. Pilzstiele mit dem Schnittlauch und den Zwiebelwürfeln in der Butter andünsten.

2 Buchweizengrütze dazugeben, mit der Gemüsebrühe kurz aufkochen lassen und dann ohne weitere Hitze ziehen lassen. Abkühlen lassen.

3 Den Käse reiben und mit der Crème fraîche unter die Buchweizenmasse geben. Mit Salz und Pfeffer abschmecken.

4 Die Pilzköpfe mit Öl bepinseln und dann in eine gefettete Auflaufform stellen. Mit zwei Teelöffeln die Buchweizen-Füllung in die Pilzköpfe füllen.

5 Bei 175 °C etwa 10–15 Minuten im Backofen backen.

MEIN TIPP

Die gefüllten Pilze schmecken kalt und warm. Sie sind hübsch auf jedem Buffet oder lassen sich schön auf dem Vorspeisenteller platzieren.

BRENNNESSEL-BLINI

❋ Frühling
✓ Glutenfrei
ϟ Blitz-Rezept
◷ ca. 10 Minuten

Ergibt ca. 16 Blini

- 2 Eier
- 100 ml Milch
- 80 g Buchweizen-Vollkornmehl
- 20 g Braunhirse-Vollkornmehl
- 80 g Brennnesseln (wenn nicht zu finden: frischer Spinat)
- Salz
- Pfeffer
- 150 g Butter

1 Eier, Milch, Mehl und 1 Prise Salz zu einem glatten Teig rühren. 20 Minuten ruhen lassen.

2 Die Brennnesseln (mit Handschuhen!) waschen, abtropfen lassen, in feine Streifen schneiden und in 50 g Butter kurz andünsten. Mit Salz und Pfeffer würzen und dann unter den Teig geben.

3 Restliche Butter in einer Pfanne erhitzen. Mit einer kleinen Schöpfkelle kleine Teigportionen ins heiße Fett geben und von beiden Seiten knusprig bräunen.

Die Blini schmecken heiß und kalt zu Salat, mit Leindotterquark (siehe S. 48) oder mit den Aufstrichen von Seite 64 f.

MEIN TIPP

Die Blini können auch süß zubereitet werden. Dazu nur eine Prise Salz verwenden, nicht stärker salzen und pfeffern. Statt Brennnesselstreifen können Sie dünne Apfelscheiben, Holunderblüten, Beeren o. Ä. in den Teig einarbeiten.

URKORN-BRATLINGE MIT LEINDOTTER-DIP

Sommer

ca. 40 Minuten

Ergibt ca. 20 Stück

- 300 g Bayerischer Reis (Sorte Perl-Einkorn)
- 900 ml Gemüsebrühe
- 1 Knoblauchzehe
- 1 Zwiebel
- 1 Bund Schnittlauch
- ¼ Zucchino
- ¼ Paprika
- 2 Eier
- 2 EL Einkorn-Vollkornmehl
- Salz, Pfeffer
- Butter oder Bratfett

1 Perl-Getreide mit Gemüsebrühe zum Kochen bringen und 20–25 Minuten bei geringer Hitze köcheln lassen. 10 Minuten ausquellen und etwas abkühlen lassen.

2 Knoblauch und Zwiebel abziehen und hacken. Schnittlauch in Röllchen schneiden, Zucchino raspeln und Paprika sehr fein würfeln. Alles mit dem Getreide vermischen. Eier und Mehl dazugeben, mit Salz und Pfeffer würzen und gut verrühren.

3 Mit zwei Esslöffeln Häufchen in die heiße Pfanne mit Butter oder Bratfett setzen. Etwas andrücken und Bratlinge von beiden Seiten knusprig braun braten. Dazu schmeckt der Leindotterquark (siehe S. 48).

Für eine vegane Bratling-Alternative lesen Sie den Tipp auf Seite 71.

URKORN-BURGER

Sommer

ca. 10 Minuten
+ 40 Minuten Teigruhe
+ 30 Minuten Backzeit

Ergibt ca. 10 Stück

FÜR DIE SEMMELN:

- 300 ml handwarmes Wasser
- 1 Würfel Hefe
- 250 g Einkorn-Vollkornmehl
- 250 g Urdinkelmehl Type 630
- 2 TL Salz
- 1 TL Honig oder Backmalz

ALS BELAG PRO BURGER:

- 1 Urkorn-Bratling (siehe S. 70)
- (selbst gemachtes) Ketchup oder selbst gemachter Aufstrich (z. B. pikanter Linsenaufstrich von S. 65)
- Gurken- und Tomatenscheiben, Salatblätter, Rauke, frische Kräuter

1. Das Wasser in eine große Schüssel geben, die Hefe hineinbröckeln und gut einrühren.
2. Mehle, Salz und Honig dazugeben und 5 Minuten lang gut mit dem Handrührgerät durchkneten.
3. Schüssel mit einem Tuch zudecken und 30 Minuten an einem warmen Ort gehen lassen.
4. Backofen auf 200 °C vorheizen.
5. Den Teig nochmals durchkneten. Mit feuchten Händen Semmeln formen und auf ein mit Backpapier ausgelegtes Backblech geben. Weitere 10 Minuten gehen lassen.
6. Mit etwas Mehl, Flocken oder Saaten (z. B. Sesam) bestreuen und Blech in den Ofen schieben. Bei 200 °C etwa 25–30 Minuten backen.
7. Semmeln auskühlen lassen, aufschneiden, beide Hälften mit Ketchup oder Aufstrich bestreichen, mit dem Bratling und Gemüse, Salat und Kräutern belegen und genießen.

MEIN TIPP
FÜR EINE VEGANE BRATLING-VARIANTE

Die Eier kann man beim Urkorn-Bratling weglassen, wenn man einen festen Brei aus 80 g Buchweizengrütze und 200 ml Gemüsebrühe kocht und zum Bayerischen Reis gibt. Bindet sehr gut und der Burger wird schön knusprig!

RUSTIKALER HOFEINTOPF

Winter
Vegan
Blitz-Rezept
ca. 30 Minuten

Für 4 Personen

- 100 g Beluga-Linsen
- 100 g Buchweizen
- 150 g Bayerischer Reis (Sorte Urgetreide-Mix)
- 1,5–1,8 l Gemüsebrühe
- 1 Stange Lauch
- 2 Karotten
- 2 Kartoffeln
- 1 Pastinake
- 50 g Butter oder Öl
- Salz
- Pfeffer

1. Linsen, Buchweizen und Bayerischen Reis in 1 l Gemüsebrühe aufkochen, dann bei geringer Hitze 20 Minuten köcheln lassen.

2. Das Gemüse putzen und klein schneiden. Im Fett anbraten und bei geringer Zugabe von Wasser bissfest garen.

3. Wenn die Linsen und die Körner gar gekocht sind, das Gemüse zum Getreideeintopf geben. Bis zur gewünschten Konsistenz Gemüsebrühe zugeben und alles zusammen kurz aufkochen lassen. Mit Salz und Pfeffer abschmecken.

MEIN TIPP

Ein Klecks Schmand oder saure Sahne auf dem gefüllten Teller sieht hübsch aus und schmeckt gut zu dem deftigen Eintopf. Dazu noch eine Scheibe kräftiges Bauernbrot.

URGETREIDESALAT KLASSISCH

Sommer
Vegan
ca. 20 Minuten
+ Abkühlzeit

Als Beilage für 4 Personen

- 300 g Bayerischer Reis (Sorte Urgetreide-Mix)
- 900 ml Gemüsebrühe
- etwas Butter oder Öl
- 1 Knoblauchzehe
- 2 Karotten
- ½ rote Paprika
- ½ gelbe Paprika
- ½ Salatgurke
- 1 Bund Kräuter (Schnittlauch oder Petersilie)
- 1 Bund Rauke

FÜR DAS DRESSING:

- 3 EL Leindotteröl
- 2 EL Balsamico-Essig
- Salz
- Pfeffer

1 Bayerischen Reis in der Gemüsebrühe nach dem Basisrezept „Bayerischer Reis“ von Seite 46 zubereiten, mit Butter oder Öl verfeinern und abkühlen lassen.

2 Den Knoblauch abziehen und mit der Knoblauchpresse auspressen.

3 Die Karotten sehr fein reiben, Paprika und Gurke sehr fein würfeln. Kräuter und Rauke waschen und hacken.

4 Für das Dressing Öl, Essig, Salz und Pfeffer verrühren und mit dem Gemüse und den Kräutern zum Getreide geben.

5 Mit Salz und Pfeffer abschmecken.

ZWEIERPACK URGETREIDE- UND LINSENSALAT

Eine sehr feine Variante ist auch ein ganz einfacher Linsensalat. Statt des Bayerischen Reises kocht man 150 g Beluga-Linsen in 300 ml Gemüsebrühe. Ansonsten gehen Sie genau wie beim Urgetreidesalat vor. So erhält man mit wenig Aufwand zwei Salate, die geschmacklich und optisch ganz unterschiedlich sind.

MEIN TIPP

Statt Schnittlauch oder Petersilie können Sie auch Wildkräuter verwenden, die wahre Superfoods vor der eigenen Haustür sind: Löwenzahn, Brennnesseln, Giersch ...

Um die Brennnessel roh verzehren zu können, sollte man die Blätter mit einem Nudelholz bearbeiten, dann brechen die Nesselhaare und brennen nicht mehr.

Zusätzlich schmecken geröstete Sonnenblumen, Leinsamen oder etwas Feta oder Parmesan über den Salat gestreut.

FEURIGE LINSEN-TOMATENSUPPE

- Winter
- Vegan, glutenfrei
- Blitz-Rezept
- ca. 30 Minuten

Für 4 Personen

- 1 große Zwiebel
- 2 Knoblauchzehen
- 50 g Butter oder Öl
- 3 TL Curry (scharf)
- 4 EL Tomatenmark
- 1200 ml Gemüsebrühe
- 300 g Beluga-Linsen
- 1 Dose Tomaten (400 g, Abtropfgewicht 240 g) oder 300 g frische Fleischtomaten
- Salz, Pfeffer, Chili, Curry

ZUM ANRICHTEN:

- Schmand oder Joghurt oder pflanzlicher Joghurt
- frische Kräuter

1 | Zwiebel und Knoblauch abziehen, fein würfeln und im Fett glasig dünsten.

2 | Curry und Tomatenmark dazugeben und mit der Gemüsebrühe aufgießen.

3 | Linsen und Tomaten (frisch oder aus der Dose) dazugeben und aufkochen lassen. Bei mittlerer Hitze etwa 20 Minuten köcheln lassen, bis die Linsen gar sind.

4 | Mit Pfeffer, Salz, Chili und Curry abschmecken, bis die gewünschte Schärfe erreicht ist.

5 | Nach Geschmack mit etwas Schmand oder Joghurt und mit frischen Kräutern bestreut servieren.

MEIN TIPP

Wenn Sie etwas trockenes Brot im Haus haben, können Sie daraus leckere Croûtons machen: Brotscheiben in Würfel schneiden, in etwas Fett in der Pfanne rösten und je nach Geschmack mit etwas Paprikapulver, Curry und Salz oder Kräutersalz würzen. Abgekühlt und im Schraubglas aufbewahrt halten sie ein paar Tage und peppen Suppen und Salate auf.

HERBSTLICHER EINTOPF MIT EINKORN

Herbst
Vegan
ca. 40 Minuten

Für 4 Person

1 Stange Lauch
1 Karotte
250 g Hokkaido-Kürbis
250 g Pilze (z. B. Champignons)
2 mittelgroße Kartoffeln
500 g Wirsingkohl
4 EL Butter oder Öl
200 g Perl-Einkorn
2 l Gemüsebrühe
Salz, Pfeffer, Hanföl

1 Lauch putzen und in Ringe schneiden. Karotte putzen und würfeln. Kürbis waschen (muss nicht geschält werden), von den Kernen befreien und würfeln. Pilze trocken abbürsten und in Scheiben schneiden. Kartoffeln schälen und würfeln. Den Wirsing putzen und in feine Streifen schneiden.

2 In einer großen Pfanne die Hälfte des Fetts zerlassen, Lauch, Mohrrüben, Wirsingkohl und Pilze zugeben und etwa 10 Minuten bissfest dünsten. Beiseite stellen.

3 Kürbis, Kartoffeln und Perl-Einkorn in einen großen Topf geben und in dem restlichen Bratfett 2–3 Minuten andünsten. Dann mit Gemüsebrühe aufgießen und aufkochen lassen. Bei mittlerer Temperatur etwa 25 Minuten gar köcheln lassen. Den Pfanneninhalt in den Topf geben und alles zusammen noch einmal erhitzen. Abschmecken. Beim Servieren auf jeden Teller etwas Hanföl geben.

BUCHWEIZEN-ROTE-BETE-SALAT

Herbst
Glutenfrei
ca. 25 Minuten
+ Abkühlzeit

Für 4 Personen

150 g Buchweizen
400 ml Gemüsebrühe
500 g Rote Bete
2–3 Frühlingszwiebeln
2 Handvoll Walnusskerne
85 g Ziegenkäse (oder Feta)

FÜR DAS DRESSING:

4 EL Hanföl, Salz, Pfeffer
3 EL Balsamico-Essig
1 EL frische Thymianblätter

1 Den Buchweizen in der Gemüsebrühe etwa 15–20 Minuten bei kleiner Hitze kochen, bis die Körner die gewünschte Bissfestigkeit haben. Abkühlen lassen.

2 Die Rote Bete kochen, bis sie weich sind (Gabelprobe), dann die Schale abziehen. Es kann auch vorgekochte Rote Bete verwendet werden. In Würfel schneiden. Frühlingszwiebeln in dünne Ringe schneiden.

3 Walnüsse in einer Pfanne ohne Fett rösten, danach hacken. Ziegenkäse zerkrümeln. Alle Zutaten mit den Buchweizenkörnern verrühren und mit dem Dressing abschmecken.

MEIN TIPP

Der rötliche Schaum, der beim Kochen des Buchweizens entstehen kann, beeinträchtigt nicht den Geschmack oder die Konsistenz.

CHIEMUT-SALAT MIT GEBRATENEM SOMMERGEMÜSE

Sommer
Vegan
ca. 30 Minuten + Abkühlzeit

Als Beilage für 4 Personen

200 g Perl-Chiemut
2 EL Olivenöl
1 l Gemüsebrühe
1 große Zwiebel
3 Knoblauchzehen
1 rote Paprika
1 grüne Paprika
1 Zucchino
2 Karotten
1 Pastinake
4 EL Olivenöl

FÜR DAS DRESSING:

1 Handvoll frische Kräuter (Rosmarin, Thymian, Rauke)
4 EL Balsamico-Essig
4 EL Leindotteröl
Salz
Pfeffer

ZUM GARNIEREN:

40 g Parmesan (vegane Variante siehe Tabelle S. 43), Blüten, Kräuter

1 Den Perl-Chiemut in einen Topf geben, 2 EL Olivenöl dazugeben und anschwitzen. Mit einem Teil der Gemüsebrühe ablöschen. Einköcheln lassen und so lange wiederholen, bis die Flüssigkeit ganz aufgenommen ist (nach etwa 20–25 Minuten) und das Perl-Chiemut bissfest gar ist. Abkühlen lassen.

2 Die Zwiebel abziehen und halbieren, in Ringe schneiden. Knoblauch schälen und in feine Scheiben schneiden.

3 Das Gemüse putzen und in feine Streifen schneiden.

4 Zunächst Zwiebeln, Knoblauch, Karotten und Pastinaken bei nicht zu hoher Temperatur im Olivenöl anbraten, nach etwa 5 Minuten Paprika- und Zucchinistreifen dazugeben und alles bissfest garen. Auskühlen lassen.

5 Für das Dressing die Kräuter waschen, verlesen und fein schneiden. Mit Essig, Öl, Salz und Pfeffer verrühren.

6 Abgekühltes Getreide, Gemüse und Dressing verrühren und mit Salz und Pfeffer abschmecken. Vor dem Servieren Parmesan darüberhobeln. Zum Schluss mit Blüten oder Kräutern garnieren.

MEIN TIPP

Der Salat darf ruhig etwas durchziehen, Sie können ihn daher einige Zeit vor dem Servieren gut vorbereiten.

Den Salat kann man gut mit allen Perl-Getreide-Sorten und dem Urgetreide-Mix zubereiten.

ZWEIKORN-SUPPE: MINESTRA DI FARRO

Frühling
Vegan
Blitz-Rezept
ca. 30 Minuten

Für 4 Personen

- 150 g Perl-Emmer
- 400 ml Gemüsebrühe
- 1 Zwiebel
- 3 Knoblauchzehen
- 1 Karotte
- 1 Stange Staudensellerie
- 1 Stange Lauch
- 1 Zucchino
- 3 EL Olivenöl
- 1 Dose weiße Bohnen
- 400 g Tomaten (frisch oder aus der Dose)
- Salz
- Pfeffer
- einige Salbeiblätter, Rosmarin und Thymian
- Pecorino (vegane Variante siehe Tabelle S. 43)

1. Den Perl-Emmer in der Gemüsebrühe aufkochen und etwa 25 Minuten gar köcheln lassen (siehe Basisrezept Bayerischer Reis, S. 46).
2. In der Zwischenzeit Zwiebel, Knoblauch, Karotte, Sellerie, Lauch und Zucchino putzen, fein schneiden und in einem größeren Topf im Öl bei niedriger Temperatur andünsten.
3. Die Bohnen abtropfen lassen und Kräuter waschen und hacken.
4. Den gekochten Perl-Emmer, die Tomaten und die Bohnen zum gedünsteten Gemüse geben.
5. Bis zur gewünschten Sämigkeit mit Gemüsebrühe auffüllen und die Kräuter dazugeben. Auf kleiner Flamme noch einmal 5 Minuten köcheln lassen.
6. Mit Salz und Pfeffer abschmecken, mit Pecorino bestreut servieren.

MEIN TIPP

Dieser deftige Emmereintopf ist eine toskanische Spezialität. Wie viele einfache, aber sehr gesunde Gerichte galt er lange als „Arme-Leute-Essen“ und wird jetzt wiederentdeckt – weil er schnell und mit regionalen Zutaten zuzubereiten ist und einfach gut schmeckt!

BUNTER EMMERSALAT

Herbst
Vegan
ca. 30 Minuten
+ Abkühlzeit

Als Beilage für 4 Personen

- 1 mittelgroßer Hokkaido-Kürbis
- 3 EL Olivenöl
- Salz
- Pfeffer
- 200 g Perl-Emmer
- 600 ml Gemüsebrühe
- 250 g grüne Bohnen

FÜR DAS DRESSING:

- 2 EL Himbeeressig
- 2 EL Weißweinessig
- 3 EL Hanföl
- 1 TL flüssiger Honig (oder Ahornsirup)
- ½ TL Zimt
- 1 TL Kreuzkümmel, gemahlen

ZUM GARNIEREN:

- 40 g Sonnenblumenkerne
- 40 g Kürbiskerne
- 1 Handvoll Schnittlauch oder Petersilie

1 Den Kürbis waschen (nicht schälen), Kerne entfernen und Kürbis in Würfel (1–2 cm) schneiden. In einer Schüssel mit Öl, Salz und Pfeffer vermengen. Auf einem mit Backpapier ausgelegten Backblech verteilen und im Ofen bei 200 °C etwa 20–25 Minuten weich rösten.

2 Perl-Emmer nach dem Basisrezept „Bayerischer Reis“ von S. 46 zubereiten.

3 Bohnen putzen und in 2–3 cm lange Stücke schneiden. In kochendem Wasser (ohne Salz) blanchieren, bis sie bissfest sind, abschrecken und abtropfen lassen.

4 Für das Dressing alle Zutaten verrühren.

5 Kürbis, Bohnen und Dressing mit dem Perl-Emmer verrühren und mit den Kernen und Kräutern garniert servieren.

MEIN TIPP

Grüne Bohnen können Sie gut einfrieren. Dazu kurz blanchieren, danach kurz in kaltes Wasser mit Eiswürfeln geben, abtropfen lassen und in ein Gefriergefäß geben.

Bio
"Bayerischer Reis"
Perl-Emmer
500 g

MANGOLD-LINSEN-SUPPE

- Sommer
- Vegan, glutenfrei
- Blitz-Rezept
- ca. 30 Minuten

Für 4 Personen

300 g Beluga-Linsen
1,75 l Gemüsebrühe
1 Zwiebel
4 Knoblauchzehen
3 EL Olivenöl
700 g Mangold (alternativ Spinat oder andere Gemüsesorten
½ Bund Schnittlauch
Salz, Pfeffer

1 | Beluga-Linsen in einem Topf mit 750 ml Gemüsebrühe aufkochen und bei mittlerer Hitze etwa 25 Minuten köcheln, bis die Linsen gar sind.

2 | Zwiebeln und Knoblauch abziehen, fein hacken und im Olivenöl in einer Pfanne glasig dünsten.

3 | Mangold putzen, in 1–2 cm feine Streifen schneiden und mit in die Pfanne geben. Unter Rühren 3–5 Minuten dünsten, bis die Blätter zusammenfallen und der Stängel noch leichten Biss hat.

4 | Den Pfanneninhalt und 1 l Gemüsebrühe zu den Linsen in den Topf geben und den Eintopf 5 Minuten erhitzen.

5 | Schnittlauch hacken und dazugeben. Mit Salz und Pfeffer abschmecken. Dazu schmeckt ein frisches Dinkelbaguette.

NUSSLAIBCHEN

- Herbst
- Vegan, glutenfrei
- Blitz-Rezept
- ca. 30 Minuten

Ergibt 35–40 Laibchen

- 150 g Buchweizengrütze
- 300 ml Gemüsebrühe
- 1 Karotte
- 1 Zwiebel
- 1 Bund Schnittlauch
- 40 g Haselnusskerne, ganz
- 4 EL Haselnüsse, gemahlen
- 1 TL Paprikapulver
- 1 TL Currypulver
- 1 TL Salz
- 50 g Butter oder Öl

1. Buchweizengrütze mit Gemüsebrühe aufkochen und zugedeckt quellen lassen.
2. Karotte waschen und fein reiben, Zwiebel abziehen und fein würfeln, den Schnittlauch waschen und hacken.
3. Die ganzen Haselnusskerne grob hacken und in einer Pfanne ohne Fett rösten.
4. Abgekühlte Buchweizengrütze mit allen Zutaten außer dem Bratfett vermengen.
5. Aus der Masse mit angefeuchteten Händen runde oder ovale Laibchen formen.
6. Butter oder Öl in einer Pfanne erhitzen. Die Laibchen ins heiße Fett setzen und bei kleiner Hitze anbraten. Wendet man die Laibchen nicht komplett um, sondern legt sie etwas seitlich ab, bekommt man eine schöne eckige Form mit drei Seiten. Dazu schmeckt der Leindotterquark von Seite 48 und ein Salat.

BUCHWEIZEN-TABULEH

Sommer
Vegan, glutenfrei
ca. 30 Minuten
+ Abkühlzeit

Für 4 Personen

150 g Buchweizen, ganzes Korn
3 Tomaten
1 Salatgurke
4 Frühlingszwiebeln
1 Bund glatte Petersilie
½ Bund frische Minze

FÜR DAS DRESSING:

Saft von 2 Zitronen
6 EL Leindotteröl
1 TL Salz

1 In einem großen Topf (Buchweizen schäumt beim Kochen auf!) Buchweizen in 500 ml Wasser aufkochen und etwa 20–25 Minuten bei niedriger Temperatur köcheln lassen, bis die Körner bissfest sind.

2 Abgießen, mit kaltem Wasser abschrecken, abtropfen und abkühlen lassen.

3 Tomaten und Gurke in ca. 0,5 cm große Würfel schneiden. Frühlingszwiebel in feine Scheiben schneiden.

4 Petersilie und Minze abbrausen, die Blätter abzupfen und hacken.

5 Für das Dressing Zitronensaft, Öl und Salz verrühren.

6 Alle Zutaten verrühren, mit Salz abschmecken.

CHIEMUT-NUDELSALAT

Sommer
ca. 30 Minuten
+ Abkühlzeit

Für 4 Personen

500 g Chiemut-Rigatoni
200 g Mozzarella (abgetropft)
10 Cocktailtomaten
1 Knoblauchzehe
1 Bund Rauke
3 EL Balsamico-Essig
6 EL Leindotteröl
Salz, Pfeffer

1 Nudeln (Rigatoni) in Salzwasser bissfest kochen (Achtung: kurze Kochzeit!), abschrecken und auskühlen lassen (siehe Küchentipps S. 45).

2 Mozzarella in 1–1,5 cm große Würfel schneiden. Cocktailtomaten je nach Größe halbieren oder vierteln. Knoblauch abziehen und in der Knoblauchpresse pressen. Die Rauke abbrausen, trockentupfen und grob hacken.

3 Alle Zutaten zusammengeben, mit Essig, Öl, Salz und Pfeffer abschmecken.

MEIN TIPP

Wer mag, kann noch ein paar Oliven zu dem Salat geben.

HAUPTGERICHTE

EMMER-LAUCH-QUICHE

Winter

ca. 20 Minuten
+ 1 Stunde Teigruhe
+ 40 Minuten Backzeit

Für 4 Personen

- 200 g Emmer-Vollkornmehl
- 3 EL Wasser
- 150 g Butter (weich)
- ½ TL Salz
- 3 Stangen Lauch
- 250 g Emmentaler oder Gouda
- 2 EL Petersilie
- 4 Eier
- 125 ml saure Sahne (oder Crème fraîche)
- 1 TL Paprika

1 | Mehl in eine Schüssel geben und das Wasser daraufgießen, etwas verrühren. Butter in Stückchen darauf verteilen, salzen und Zutaten zu einem glatten Teig kneten. 1 Stunde im Kühlschrank ruhen lassen.

2 | Für die Füllung den Lauch in Ringe schneiden und in einer Pfanne andünsten. Abkühlen lassen.

3 | Käse reiben, Petersilie hacken. Eier, saure Sahne, Käse, Petersilie und Paprika verrühren, mit dem Lauch vermischen.

4 | Eine Springform oder Quiche-Form mit Backpapier auskleiden. Den Teig hineindrücken und einen Rand hochziehen.

5 | Die Lauchmasse auf den Teig geben, etwa 40 Minuten bei 180 °C im Backofen backen, bis der Käse sich bräunlich färbt.

MEIN TIPP

Sie können auch die 1,5-fache Menge nehmen und ein Backblech mit der Quiche belegen. Schmeckt warm und kalt.

BAYERISCHES CURRY

Winter
ca. 30 Minuten

Für 4 Personen

- 60 g Beluga-Linsen
- 80 g Buchweizen
- 80 g Urgetreide-Mix
- 1 l Gemüsebrühe
- ½ Stange Lauch
- 1 kleine Zwiebel
- 2 Kartoffeln
- 40 g Butter oder Bratfett
- 400 ml Sahne
- Currypulver (mild oder scharf, je nach Geschmack)
- Salz, Pfeffer

1 | Beluga-Linsen, Buchweizen und Bayerischen Reis mischen und in der Gemüsebrühe aufkochen, dann bei geringer Hitze etwa 20 Minuten köcheln lassen, bis die Mischung gar ist.

2 | Gemüse putzen und klein schneiden. Im Fett anbraten und bei geringer Zugabe von Wasser bissfest garen.

3 | Das Gemüse zu der Mischung aus Linsen, Buchweizen und Getreide geben. Sahne dazugeben, mit Salz, Pfeffer und Curry abschmecken. Noch ein paar Minuten köcheln lassen, dann heiß servieren.

MEIN TIPP

Um die asiatische Note zu verstärken, kann man statt der Sahne Kokosmilch verwenden.

GEFÜLLTE ZUCCHINI

Herbst

ca. 30 Minuten
+ 20 Minuten Backzeit

Für 4 Personen

- 150 g Bayerischer Reis (Sorte Urgetreide-Mix)
- 1 Zwiebel
- 2 Knoblauchzehen
- 2 EL Olivenöl
- 50 ml Weißwein (oder 50 ml Gemüsebrühe mehr)
- 600–700 ml Gemüsebrühe
- 50 g Parmesan oder Bergkäse
- 2 mittelgroße Zucchini
- 200 ml Schmand
- Salz, Pfeffer

1 Aus dem Bayerischen Reis (und weiteren Zutaten) ein Risotto nach Basisrezept auf S. 46 zubereiten.

2 Zucchini waschen und der Länge nach aufschneiden, das Innere mit einem Löffel herausschälen und beiseite stellen. Dabei genügend Rand stehen lassen, damit nachher die Zucchini nicht aufreißt. Die Zucchinihälften mit Olivenöl bepinseln und in eine gefettete, feuerfeste Form geben.

3 Das Risotto mit 200 ml Schmand verrühren und dann in die Zucchinihälften füllen.

4 Etwa 20 Minuten bei 180 °C im Backofen backen, mit der Gabel Garprobe machen.

VIERFACH GEFÜLLTES OFENGEMÜSE

Dies sind Varianten für die Füllungen für Zucchini, Kürbis, Zwiebel oder Paprika. Die Zutaten werden zu dem bereits fertig gekochten Bayerischen Reis nach dem Basisrezepte von S. 46 dazugemischt. Eine Ausnahme ist die Variante mit Pilzen: Hier ist es besser, die getrockneten Pilze schon beim Kochen mit in das Risotto zu geben. Anschließend werden die ausgehöhlten Gemüsehälften mit dem Bayerischen Reis gefüllt und alles im Ofen gebacken.

Für 4 Personen

Risotto oder Bayerischer Reis von 150 g Perl-Getreide (nach Basisrezept von S. 46)

ausgehöhltes und mit Öl bepinseltes Gemüse analog zum Rezept „Gefüllte Zucchini" (S. 92)

TOMATE-BASILIKUM

etwa 2 TL getrocknete Tomaten, fein gehackt

1 frische Tomate, fein gewürfelt

½ TL oder 1 EL frische getrocknete Basilikumblätter, fein gehackt

ZWEIERLEI-KÄSE

150 g Feta, gewürfelt oder zerbröckelt

150 g Bergkäse, gerieben (einen Teil des Bergkäses zurückbehalten zum Drüberstreuen, bevor das Gemüse in den Ofen kommt)

PILZE

2 EL getrocknete Pilze (schon beim Kochen des Bayerischen Reises zugeben)

2 Zwiebeln, fein gehackt und gedünstet

3 frische Pilze, fein gewürfelt und angebraten

KRÄUTER

1 Stange Lauch, in Ringe geschnitten und gedünstet

1 Frühlingszwiebel, in Ringe geschnitten und gedünstet

100 g Bergkäse, gerieben

2 EL Schnittlauch, fein gehackt, oder Kresse

1 TL getrocknete, gehackte Kräuter (Basilikum, Thymian, Rosmarin, Oregano) oder 2 EL frische Kräuter

½ TL Paprikapulver, süß

MEIN TIPP

Bei jungen Zucchini kann das Innere für die Füllung mitverwendet werden. Man kann auch Kürbis, Zwiebel oder Paprika füllen. Dazu so aufschneiden, dass eine Standfläche und ein „Deckel" entstehen. Diesen gibt man mit in den Ofen. Beim Kürbis und bei der Paprika die Kerne entfernen. Die Zwiebel etwas aushöhlen. Mit Öl bepinseln und im Backofen backen. Zucchini und Zwiebel brauchen 20 Minuten, der Kürbis etwa 25–30 Minuten. Hier kann man besser die Füllung erst nach der Hälfte der Backzeit hineingeben, sonst wird sie zu trocken.

Zu allen gefüllten Gemüsearten schmecken die beiden Soßen von S. 49.

EINKORN-ZWIEBELKUCHEN

- Winter
- Vegan
- ca. 10 Minuten
  + 30 Minuten Teigruhe
  + 30 Minuten Backzeit

Für 4–6 Personen

- 500 g Einkorn-Vollkornmehl
- 1 Päckchen Trockenhefe
- ¼ l Wasser, handwarm
- 8 EL Olivenöl
- 1 TL Salz
- 4 große Gemüsezwiebeln
- 1 Becher Schmand oder Pflanzensahne
- Pfeffer

1 Mehl in eine Schüssel füllen, in eine Mulde die Trockenhefe und dann das handwarme Wasser geben. Ein paar Minuten stehen lassen. 3 EL des Olivenöls und Salz dazugeben und mit den Knethaken des Rührgerätes einen geschmeidigen Teig kneten. Die Schüssel mit einem Tuch abdecken, den Teig an einem warmen Ort 30 Minuten gehen lassen.

2 Die Zwiebeln abziehen und in feine Ringe schneiden. Im restlichen Olivenöl glasig dünsten. Etwas abkühlen lassen. Den Schmand unter die Zwiebeln rühren und mit Salz und Pfeffer abschmecken. Backofen auf 180 °C vorheizen.

3 Den Teig noch einmal durchkneten. Ist er zu klebrig, noch etwas Mehl dazugeben. Auswellen und auf ein gefettetes Backblech geben. Die Zwiebelmasse darauf verteilen und im Backofen auf der mittleren Schiene bei 180 °C etwa 25–30 Minuten backen, bis der Teig am Rand braun wird.

MEIN TIPP

Wer es noch deftiger mag, kann vor dem Backen noch 200 g gewürfelten Räuchertofu (oder Speck) auf den Zwiebelkuchen geben.

GEMÜSESTRUDEL

Sommer
ca. 30 Minuten
+ 50 Minuten Backzeit

Für 4 Personen

FÜR DEN TEIG:

370 g Dinkelmehl Type 1050
1 Ei
6 EL Öl
125 ml lauwarmes Wasser
2 EL Essig
½ TL Salz

FÜR DIE FÜLLUNG:

200 g Käse
2 kleine Zucchini
1 Stange Lauch
2 Karotten
1 Zwiebel
2 Eier
100 ml Sahne
½ TL Salz
Pfeffer
3 Prisen Muskat

ZUM BESTREICHEN:

80 g Butter
3 EL Milch

1 Die Teigzutaten in eine große Schüssel geben und durchkneten, bis ein geschmeidiger Teig entsteht. Ungefähr 30 Minuten kalt stellen.

2 Für die Füllung den Käse reiben. Das Gemüse putzen, in kleine Würfel schneiden und mit Käse, Eiern, Sahne und den Gewürzen vermengen.

3 Den Teig auf einem bemehlten Geschirrtuch rechteckig dünn ausrollen und mit den Händen von der Mitte heraus noch dünner ziehen (Merke: Man sollte durch den Teig hindurch Zeitung lesen oder das Muster des Geschirrtuches erkennen können!).

4 Butter zerlassen und mit etwa 2 Drittel davon den Teig bestreichen.

5 Backofen auf 230 °C vorheizen.

6 Die Füllung auf dem ausgerollten Teig gleichmäßig verteilen, an den Rändern 3 cm frei lassen. Die Seiten einschlagen und mit Hilfe des Tuches von unten nach oben aufrollen.

7 Die Rolle (ohne das Tuch) in Form eines Hufeisens auf ein mit Backpapier ausgelegtes Backblech legen.

8 Restliche zerlassene Butter und Milch mischen und den Strudel vor und während des Backens bestreichen.

9 Etwa 50 Minuten bei 230 °C backen.

MEIN TIPP

Dazu einen Salat oder eine Gemüsesoße reichen. Statt der Hufeisenform kann man auch zwei Strudel herstellen.

Der Strudel lässt sich gut einfrieren – dann aber nicht ganz fertig backen (nur etwa 40 Minuten backen).

FOCACCIA MIT TOMATEN UND FETA

Sommer
ca. 60 Minuten

Für 4 Personen

FÜR DEN TEIG:

- 20 g frische Hefe
- 200 ml Wasser, handwarm
- 1 TL Honig
- 150 g Dinkelmehl Type 630
- 250 g Buchweizenmehl
- 1 EL Butter
- 1 EL Quark
- 1 TL Salz

FÜR DEN BELAG:

- 150 g Cocktailtomaten
- 100 g getrocknete Tomaten
- 75 g Feta
- 1 Bund Rauke
- Salz, Pfeffer

1 Hefe in eine Schüssel geben, mit dem warmen Wasser auflösen, den Honig einrühren und dann die übrigen Teigzutaten ergänzen. Mit den Knethaken des Rührgerätes einen glatten Teig kneten. Zugedeckt etwa 20 Minuten an einem warmen Ort gehen lassen.

2 Cocktailtomaten halbieren, getrocknete Tomaten würfeln. Feta zerkrümeln. Rauke abbrausen und trockentupfen.

3 Den Backofen auf 180 °C vorheizen.

4 Den Teig noch einmal durchkneten, dann auf einem mit Backpapier ausgelegten Blech zwei Teigovale formen. Mit Olivenöl bestreichen.

5 Die frischen und getrockneten Tomatenstücke darauf verteilen und den Feta darüber streuen. Mit Pfeffer und Salz würzen.

6 Nach etwa 30–35 Minuten Backzeit aus dem Backofen nehmen, dann mit der Rauke belegen und heiß oder kalt servieren.

LASAGNE MIT LINSENBOLOGNESE

❋ Frühling
ca. 60 Minuten

Für 4–6 Personen

FÜR DIE TOMATEN-LINSEN-BOLOGNESE:

- 350 g Beluga-Linsen
- 1 Dose Pizza-Tomaten
- 700 ml Tomaten-Passata (1 Flasche)
- Kräuter nach Belieben
- Salz
- Pfeffer

FÜR DIE GEMÜSEMASSE:

- 2 mittelgroße Zucchini
- 1 Zwiebel
- 2 Knoblauchzehen
- Butter oder Bratfett
- 400 g körniger Frischkäse
- 200 g saure Sahne
- Salz
- Pfeffer

FÜR DIE LASAGNE:

- etwa 750 g Lasagneplatten
- etwa 300 g geriebener Käse
- Butterflöckchen

1. Für die Tomaten-Linsen-Bolognese Beluga-Linsen in 750 ml Wasser aufkochen und köcheln lassen, bis sie gar sind (etwa 25 Minuten).
2. Die Linsen mit den Tomaten und der Tomaten-Passata mischen, mit Kräutern, Salz und Pfeffer abschmecken.
3. Für die Gemüsemasse die Zucchini in dünne Scheiben schneiden. Zwiebel und Knoblauch abziehen und fein hacken. Zucchini, Zwiebel und Knoblauch in einer Pfanne in Butter andünsten, beiseite stellen. Frischkäse und saure Sahne dazugeben, mit Salz und Pfeffer abschmecken.
4. Eine große feuerfeste Form (30 × 40 cm) einfetten und eine Schicht Lasagneplatten hineingeben, dann mit der Gemüsemasse bestreichen.
5. Es folgen Lasagneplatten, dann die Tomaten-Linsen-Bolognese, Lasagneplatten, dann die Gemüsemasse, Lasagneplatten. Wiederholen, bis alles verbraucht ist. Mit der Linsenbolognese unbedingt abschließen. Beim Schichten darauf achten, dass die Lasagneplatten gut mit den flüssigen Zutaten bedeckt werden, auch an den Seiten und Ecken (sie bleiben sonst hart).
6. Mit geriebenem Käse bestreuen und mit Butterflöckchen versehen.
7. 35–40 Minuten im Backofen bei 180–200 °C backen, bis sich der Käse dunkler färbt. Mit einer Gabel probieren, ob die Lasagneplatten weich bzw. bissfest sind.

MEIN TIPP

Die Linsenbolognese schmeckt auch ganz wunderbar zu allen Sorten von Pasta.

EMMERAUFLAUF MIT ZIEGENKÄSE UND ZWEIERLEI PESTOS

Frühling
ca. 60 Minuten

Für 4 Personen

- 120 g Perl-Emmer
- 2 EL Olivenöl
- 50 ml Weißwein
- 500 ml Gemüsebrühe
- 1 EL Butter oder Bratfett
- 2 EL Semmelbrösel
- 3 Eier
- 1 Becher Schmand (200 g)
- 130 g Ziegenfrischkäse (oder Feta)
- Salz

1. Perl-Emmer in einem Topf im Olivenöl glasig andünsten, dann mit dem Weißwein ablöschen. Aufkochen lassen und nach und nach bei geringer Hitze und unter gelegentlichem Rühren die Gemüsebrühe zufügen. Das Getreide gar kochen, bis die Körner bissfest und leicht sämig sind. Etwas auskühlen lassen.

2. Vier kleine feuerfeste Auflaufformen (etwa 180 ml Inhalt) oder eine größere Auflaufform mit der zerlassenen Butter und Semmelbröseln auskleiden.

3. Die Eier trennen, Eiweiß zur Seite stellen. Eigelb, Schmand und Ziegenkäse unter die etwas abgekühlte Getreidemasse rühren.

4. Eiweiß steif schlagen und unter die Getreidemasse heben.

5. In die vorbereiteten Auflaufförmchen füllen und im Backofen bei 180 °C etwa 20 Minuten backen.

MEIN TIPP

Dazu schmeckt sehr fein das Bärlauch-Pesto von S. 48 und das folgende Wildkräuter-Pesto. Beide halten sich im Kühlschrank, das Bärlauch-Pesto mehrere Monate, das Wildkräuter-Pesto etwa 1 Woche.

Wer mag, kann auch gebratenes Gemüse, z. B. Zucchini-Streifen, unter das Getreide heben.

WILDKRÄUTER-PESTO

2 große Handvoll frische Kräuter (z. B. Schafgarbe, Brennnesseln, Giersch, Löwenzahn, Spitzwegerich, Wiesenthymian oder Sauerampfer) waschen und trocknen. Zusammen mit 60 ml Leindotteröl und Salz in den Mixer geben und pürieren.

CHIEMUT-KÜRBIS-PFANNE

Herbst
Vegan
ca. 40 Minuten

Für 4 Personen

- 1 Zwiebel
- 1 Knoblauchzehe
- 1 Peperoni
- 60 g Butter oder Olivenöl
- 150 g Perl-Chiemut
- 500 ml Gemüsebrühe
- 125 ml trockener Weißwein
- 300 g Hokkaido-Kürbis
- 200 g Karotten
- Salz
- Pfeffer
- Thymian
- Rosmarin
- evtl. Parmesan (vegane Variante siehe Tabelle S. 43)

1. Zwiebel würfeln, Knoblauch und die entkernte Peperoni fein hacken. Alles in 30 g Butter oder Olivenöl in einer großen Pfanne andünsten.
2. Perl-Chiemut hinzugeben und anschwitzen, bis dieser glasig ist. Mit dem Weißwein und etwas Gemüsebrühe ablöschen. Unter Rühren bei geringer Hitze einkochen lassen. Wenn die Flüssigkeit aufgebraucht ist, wieder kellenweise mit der Gemüsebrühe aufgießen, bis diese verbraucht ist. Mit Salz abschmecken.
3. Den Kürbis und die Karotten in etwa 1,5 cm große Würfel schneiden und in der restlichen Butter (oder im Öl) anbraten, bis das Gemüse bissfest ist. Eventuell etwas Wasser zum Dünsten dazugeben. Mit Salz und Pfeffer abschmecken.
4. Kräuter hacken.
5. Kürbis, Karotten und Kräuter unter das Risotto heben und alles ein paar Minuten garen lassen.
6. Abschmecken und nach Geschmack mit frischen Parmesanstreifen servieren.

BUCHWEIZENRISOTTO MIT KRÄUTERSEITLINGEN

Herbst
Glutenfrei
ca. 10 Minuten

Für 4 Personen

- 2 Zwiebeln
- 2 Knoblauchzehen
- 2 EL Thymianblättchen
- 2 EL Olivenöl
- 200 g Buchweizen
- 1 Zitrone, davon die geriebene Schale und den Saft
- 1 Glas Weißwein
- 500–600 ml Gemüsebrühe, heiß
- 2 EL Olivenöl
- 70 g Butter
- 60 g Parmesan, frisch gerieben
- Salz
- Pfeffer
- 4 Stängel Petersilie (oder Raukeblätter)
- 4–6 Kräuterseitlinge (je nach Größe)
- Schnittlauch zum Garnieren

1. Zwiebeln, Knoblauch und Thymian fein hacken und in Olivenöl andünsten, den Buchweizen hinzufügen und unter Rühren glasig rösten, bis alle Körner glänzen.
2. Zitronenschale und Zitronensaft zugeben und mit Weißwein ablöschen.
3. Eine Schöpfkelle kochend heißer Brühe zufügen und unter Rühren einkochen lassen. Dies kellenweise wiederholen, bis der Buchweizen bissfest ist (nach etwa 15–20 Minuten).
4. Währenddessen die Kräuterseitlinge in Scheiben schneiden, extra in 40 g Butter anbraten und unterheben.
5. Das Risotto vom Feuer ziehen und die restliche Butter sowie den frisch geriebenen Parmesan unterrühren. Die Pilze dazugeben.
6. Abschmecken und abschließend gehackte Petersilienblätter (oder Rauke) unterrühren.
7. Mit fein geschnittenen Schnittlauchröllchen garniert servieren.

SOMMERQUICHE

Sommer

ca. 20 Minuten
+ 1 Stunde Ruhezeit
+ 40 Minuten Backzeit

Für 4 Personen

- 150 g Einkorn-Vollkornmehl
- 100 g Buchweizen-Vollkornmehl
- ½ TL Salz
- 175 g Butter (weich)
- 3 Knoblauchzehen
- 1 Zwiebel
- 1 rote Paprika
- 1 Aubergine
- 1 Zucchino
- Butter zum Braten
- 1 Zweig Rosmarin
- 1 Zweig Thymian
- 200 ml saure Sahne
- 2 Eier
- 200 g geriebener Käse (z. B. Bergkäse)
- Salz
- Pfeffer
- Paprika edelsüß
- 1 Tomate

1. Teig aus den Mehlen, Salz und 75 g Butter herstellen und 1 Stunde im Kühlschrank ruhen lassen.
2. Knoblauch schälen und hacken, Zwiebel schälen und fein würfeln.
3. Gemüse in dünne Scheiben und / oder Streifen schneiden. Paprika, Aubergine und Zucchino in Butter anbraten.
4. Rosmarin- und Thymianblättchen abzupfen und hacken.
5. Die Saure Sahne mit den Eiern verquirlen, dann den Käse, die gehackten Kräuter und einen Teil des gebratenen Gemüses unterrühren. Einige Scheiben / Streifen Gemüse beiseite stellen. Mit Paprikapulver, Pfeffer und Salz abschmecken.
6. Die Tomate in dünne Scheiben schneiden.
7. Den Backofen auf 200 °C vorheizen
8. Den Teig aus dem Kühlschrank nehmen und eine mit Backpapier ausgelegte Springform mit dem Teig belegen. Einen 3–4 cm hohen Rand hochziehen.
9. Gemüsecreme auf dem Teig verteilen, zuletzt das beiseite gestellte Gemüse und die Tomatenscheiben auf die Quiche geben. Bei 200 °C etwa 40 Minuten backen.

URDINKEL-RISOTTO MIT RADICCHIO UND PILZEN

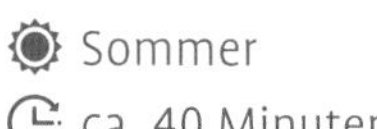
Sommer
ca. 40 Minuten

Für 4 Personen

- 20 g getrocknete Pilze (z. B. Steinpilze)
- 1 l Gemüsebrühe
- 60 ml trockener Rotwein
- 1 Stange Lauch
- ½ kleinen Radicchio
- 2 Knoblauchzehen
- 300 g frische Pilze (z. B. braune Champignons)
- 50 g Butter
- 200 g Perl-Dinkel
- Salz
- Pfeffer
- 50 g Ziegenkäse
- 2 EL Schnittlauch, gehackt

1 Getrocknete Pilze in eine kleine Schüssel geben und mit kochendem Wasser bedecken (etwa 100 ml). 20 Minuten einweichen lassen, dann abgießen und die Flüssigkeit auffangen. Die Pilze grob hacken.

2 Gemüsebrühe, Pilzsud und Rotwein erhitzen.

3 Lauch putzen und in Scheiben, Radicchio in Streifen schneiden und Knoblauch hacken. Die frischen Pilze putzen und in Scheiben schneiden.

4 Lauchscheiben und Knoblauch in einem Topf mit Butter glasig dünsten.

5 Perl-Dinkel ins heiße Fett geben und gut unterrühren.

6 Die frischen Pilze, die getrockneten Pilze und die Radicchio-Streifen dazugeben und wenige Minuten dünsten.

7 Mit etwas von der erhitzten Flüssigkeit (Gemüsebrühe, Pilzsud und Rotwein) ablöschen. Unter Rühren bei geringer Hitze einkochen lassen. Wenn die Flüssigkeit aufgebraucht ist, kellenweise wieder mit der Brühe aufgießen, bis diese verbraucht ist. Mit Salz und Pfeffer abschmecken.

8 Mit Ziegenkäse und Schnittlauch bestreut servieren.

TOMATENRISOTTO MIT GRILLGEMÜSE

Sommer
Vegan
ca. 40 Minuten

Als Beilage für 4 Personen zu kurzgebratenem Tofu, Fleisch oder Fisch oder für 2 Personen mit einem gemischten Salat als Hauptgericht serviert

- 1 große Zwiebel
- 1–2 Knoblauchzehen
- 50 g Butter, Öl oder Butterschmalz
- 80 g Perl-Emmer
- 50 g Beluga-Linsen
- 200 ml Rotwein
- 400 ml Gemüsebrühe
- 2 EL Tomatenmark
- 4 große Tomaten
- Salz
- Pfeffer
- frische und / oder getrocknete Kräuter (z. B. Basilikumblätter)
- 1 Zucchino
- ½ Aubergine
- ½ Paprika, rot
- ½ Paprika, gelb
- Olivenöl

1. Zwiebel und Knoblauch abziehen und würfeln, im erhitzten Fett andünsten. Perl-Getreide und Linsen zugeben und kurz zusammen erhitzen.
2. Mit dem Rotwein ablöschen, mit der Gemüsebrühe aufgießen und nach und nach alles aufkochen. Tomatenmark zugeben und 20 Minuten köcheln lassen, dabei mehrmals umrühren.
3. Die Tomaten (wer mag, enthäutet) würfeln und kurz vor Ende der Garzeit dem Risotto zugeben und erwärmen.
4. Mit Salz, Pfeffer und Kräutern abschmecken.
5. Gemüse putzen und in Scheiben (Zucchino und Aubergine) bzw. Streifen (Paprika) schneiden. Die Aubergine salzen und auf Küchenkrepp 10 Minuten ziehen lassen. Danach alles mit Öl bepinseln, mit Pfeffer und Salz würzen und auf den Grill legen oder in der Pfanne braten. Zum Risotto servieren.

MEIN TIPP

Hier passen reichlich frische oder getrocknete Kräuter dazu, z. B. Basilikum. Wer mag, streut Parmesankäse über das Risotto.

CHIEMGAUER KNUSPERTALER

- Frühling
- Vegan, glutenfrei
- Blitz-Rezept
- ca. 20 Minuten

Für 1 Person

- 2 EL frische oder getrocknete Kräuter (z. B. Rosmarin, Thymian, Oregano, Schnittlauch o. Ä.)
- 1 Knoblauchzehe
- 180 g Buchweizengrütze
- 2 TL Salz
- etwas Paprikapulver
- 300 ml kochendes Wasser
- Butter oder Öl

1 Kräuter hacken, Knoblauch abziehen und fein hacken. Alle Zutaten außer Fett vermengen und mit dem kochenden Wasser übergießen. Kurz umrühren und 5–8 Minuten in Ruhe quellen lassen.

2 Aus der Masse mit feuchten Händen Taler formen und in genügend Fett von beiden Seiten knusprig braten. Ergibt 10 große oder 20 kleine Taler.

MEIN TIPP

Verfeinern Sie die Taler mit geraspeltem, frischen Gemüse oder mit Kräutern.

Die Taler sind kalt und warm zu genießen und eignen sich gut zum Mitnehmen für unterwegs.

Dazu schmeckt sehr gut der Leindotterquark von S. 48.

CHIEMUT-BLÜTEN MIT SALBEIBUTTER

Winter
Blitz-Rezept
ca. 10 Minuten

Für 4 Personen

500 g Chiemut-Blüten (oder andere Pasta)
3 Knoblauchzehen
2 Handvoll Salbei
100 g Butter
Salz
Pfeffer

1 Nudeln in einem großen Topf mit Wasser und Salz „al dente" kochen. Achtung: kurze Kochzeit! Abseihen und auf einem Backblech oder in einer großen Auflaufform abdampfen lassen.

2 Knoblauch abziehen und in dünne Scheiben schneiden. Salbei in schmale Streifen schneiden.

3 Butter in einer Pfanne erhitzen, Knoblauch dazugeben und anschwitzen.

4 Salbei dazugeben und alles gut durchschwenken. Mit Salz und Pfeffer abschmecken. Nudeln auf die Teller verteilen, Salbeibutter darübergeben.

MEIN TIPP

Sehr fein schmeckt dazu hauchdünn geraspelter Parmesan. Dazu schäle ich mit dem Sparschäler feine Späne vom Parmesanstück.

KAROTTENSTERN

Winter
ca. 30 Minuten
+ 15 Minuten Backzeit

Für 4 Personen

- 4–5 große Karotten
- 25 g Butter oder Bratfett
- Salz
- Pfeffer
- ¼ l Gemüsebrühe
- 1 Knoblauchzehe
- ¼ l Milch
- 180 g Urdinkelgrieß
- Semmelbrösel für die Quicheform
- 100 g Schmand
- 100 g Feta

1 Karotten putzen und schälen, dann je nach Größe der Länge nach vierteln oder achteln. Den Knoblauch abziehen und durch die Knoblauchpresse drücken. Butter in einem Topf zerlassen, Karotten darin andünsten, salzen und pfeffern. Einige Löffel von der Gemüsebrühe und den Knoblauch dazugeben, im geschlossen Topf bei mittlerer Hitze etwa 10 Minuten dünsten.

2 Karotten aus dem Topf nehmen und beiseite stellen. Im gleichen Topf die restliche Gemüsebrühe mit der Milch zum Kochen bringen. Den Grieß in die Flüssigkeit geben und unter Rühren in etwa 1 Minute zu einem dicken Brei einkochen lassen. Vom Herd ziehen und etwa 15 Minuten nachquellen lassen.

3 Backofen auf 200 °C vorheizen, eine Quicheform einfetten und mit Semmelbröseln bestreuen.

4 Die Teigmasse gleichmäßig etwa 1,5–2 cm hoch in die Form geben. Dazu die angefeuchteten Finger oder die Unterseite eines Esslöffels (immer wieder anfeuchten) verwenden, dann den Schmand auf dem Teig verteilen.

5 Die Karotten sternförmig auf dem Teig anordnen und mit zerbröseltem Feta bestreuen.

6 Die Quiche im Ofen (Mitte, Umluft 180 °C) etwa 15 Minuten backen.

URDINKEL-PFANNKUCHEN MIT WILDKRÄUTER-FÜLLUNG

Frühling
Blitz-Rezept
ca. 30 Minuten

Für 4 Personen, ergibt ca. 6 Pfannkuchen

FÜR DEN TEIG:

- 200 g Urdinkelmehl Type 1050
- 2 Eier
- 375 ml Milch
- 50 ml Mineralwasser mit Kohlensäure
- ½ TL Salz

ZUM AUSBACKEN:

- 100 g Butter oder Bratfett

FÜR DIE FÜLLUNG:

- 2 Handvoll Wildkräuter (z. B. Brennnessel, Rauke, Schafgarbe, Löwenzahn, Giersch, Wiesenkerbel, Kapuzinerkresse)
- 1 Zwiebel
- 2 Knoblauchzehen
- 200 g Naturjoghurt
- 1 Becher Schmand
- Salz
- Pfeffer

ZUM BESTREUEN:

- 100 g Bergkäse

1 Die Teigzutaten zu einen glattem Teig verrühren. Ein paar Minuten stehen lassen.

2 Im Bratfett in der Pfanne portionsweise 6 Pfannkuchen backen. Im Backofen bei 50 °C mit einem Deckel zugedeckt warmhalten.

3 Die Wildkräuter waschen und verlesen, in feine Streifen schneiden.

4 Zwiebel und Knoblauch abziehen und sehr fein hacken. Alle Zutaten für die Füllung vermengen, mit Salz und Pfeffer abschmecken.

5 Einen Pfannkuchen in eine große feuerfeste Form legen und auf eine Hälfte die Wildkräuter-Füllung geben. Zusammenklappen und mit etwas Bergkäse bestreuen.

6 So mit den übrigen Pfannkuchen verfahren. Noch etwa 10 Minuten bei 150 °C im Backofen backen.

MEIN TIPP

Sehr hübsch sehen zur Deko Wildblüten von Kapuzinerkresse, Gänseblümchen, Salbei o. Ä. aus. Sie alle kann man auch mitessen!

BUNTE NUDELPFANNE

Sommer
Vegan
Blitz-Rezept
ca. 10 Minuten

Für 4 Personen

- 500 g Einkorn-Bandnudeln oder Emmerlis
- 1 Zucchino
- 1 kleiner Brokkoli
- 300 g Mangold
- 1 Zwiebel
- 1 Knoblauchzehe
- 50 g Butter oder Olivenöl
- 30 g getrocknete Tomaten
- 8 Cocktailtomaten
- etwa 100 ml Gemüsebrühe
- Salz
- Pfeffer

1 Die Nudeln in reichlich Salzwasser bissfest kochen und abseihen (Tipps zur Zubereitung von Vollkornnudeln siehe S. 45).

2 Zucchino und Brokkoli putzen und klein schneiden. Mangold putzen und in Streifen schneiden. Zwiebel und Knoblauch abziehen und fein würfeln.

3 Zwiebel und Knoblauch in eine Pfanne geben und glasig dünsten. Zucchini und Brokkoli hinzufügen und mitdünsten. Eventuell etwas Wasser zugeben. Etwas später den Mangold hinzufügen und dünsten, bis die Blätter zusammenfallen.

4 Getrocknete Tomaten würfeln, frische Tomaten vierteln. Beide in die Pfanne geben. Mit der Gemüsebrühe aufgießen und einmal aufkochen lassen. Mit Salz und Pfeffer abschmecken und die Nudeln unterheben.

MEIN TIPP

Hier können alle Gemüsesorten je nach Saison ausgetauscht werden. Die Nudelpfanne schmeckt z. B. auch wunderbar mit Auberginen, Radicchio, Pilzen, Spinat oder Spargel.

BUCHWEIZENPFANNE MIT SPINAT

Winter
Vegan, glutenfrei
Blitz-Rezept
ca. 30 Minuten

Für 4 Personen

- 1 Handvoll Haselnusskerne
- 1 Zwiebel
- 2 Knoblauchzehen
- Butter oder Öl
- 200 g Buchweizen
- 350 ml Gemüsebrühe
- 1 Dose gehackte Tomaten (400 g)
- 300 g frischer Spinat
- Salz
- Pfeffer

1. Haselnusskerne grob hacken und in einer Pfanne ohne Fett rösten, bis sie duften. Beiseite stellen.
2. Zwiebel und Knoblauch abziehen und hacken.
3. In einer Pfanne das Fett erhitzen und Zwiebel, Knoblauch und den Buchweizen zugeben, glasig dünsten.
4. Mit der Gemüsebrühe ablöschen und aufkochen lassen.
5. Die Tomatenstückchen dazugeben und ca. 10 Minuten bei kleiner Flamme köcheln lassen, bis der Buchweizen gar ist.
6. Spinat putzen und grob zerkleinern. Kurz vor Ende der Garzeit in die Pfanne geben, bis die Blätter zusammenfallen. Umrühren und mit Salz und Pfeffer abschmecken.
7. Vor dem Servieren mit den gerösteten Haselnusskernen bestreuen.

MEIN TIPP

Wenn gerade kein frischer Spinat aus der Region verfügbar ist, können Sie auch gut Tiefkühl-Blattspinat nehmen.

BUCHWEIZEN-SPINAT-FRITTATA

Herbst
Glutenfrei
ca. 45 Minuten

Für 4 Personen

- 100 g Buchweizengrütze
- 250 ml Wasser
- ½ Lauchstange
- ½ Zucchino
- 1 Knoblauchzehe
- 100 g frische Spinatblätter
- 1 EL Olivenöl
- 8 Eier
- 180 ml Vollmilch
- 35 g Parmesan, frisch gerieben
- 1 EL klein geschnittener Schnittlauch
- 75 g Ziegenfrischkäse, zerkrümelt

1 Buchweizengrütze mit 250 ml Wasser in einen kleinen Topf geben und kurz aufkochen lassen. Bei mittlerer Temperatur ein paar Minuten so lange köcheln, bis der Buchweizen das Wasser aufgesogen hat. Anschließend etwas abkühlen lassen.

2 Lauch in feine Ringe schneiden, Zucchino stifteln. Knoblauch abziehen und fein hacken. Spinat waschen, abtropfen lassen und grob schneiden oder zerpflücken.

3 Öl in einer Pfanne gut erhitzen, Lauch und Zucchino-Stiftchen etwa 5 Minuten anschwitzen. Gelegentlich umrühren. Knoblauch dazugeben.

4 Spinat mit in die Pfanne geben, bis die Blätter zusammenfallen.

5 Den Backofen auf 180 °C vorheizen.

6 In einer großen Schüssel die Eier mit Milch verquirlen und Buchweizen, Lauch-Zucchini-Mischung, Spinat und Parmesan unterrühren.

7 Eine 20 × 30 cm große Auflaufform einfetten. Ein Stück Backpapier auf diese Größe zuschneiden und den Boden damit auslegen. Die Mischung in die Auflaufform füllen, mit dem Schnittlauch und dem zerkrümelten Ziegenkäse bestreuen und 30–35 Minuten bei 175 °C backen bis die Frittata goldbraun ist.

MEIN TIPP

Die Frittata können Sie auch gut mitnehmen und kalt, z. B. in der Mittagspause, genießen.

Das Rezept lässt sich auch wunderbar mit Wildkräutern (Brennnessel, Rauke etc.) zubereiten.

CHIEMUT-SCHUPFNUDELN MIT GEBRATENEN KAROTTEN UND SAATENBUTTER

Herbst

ca. 60 Minuten

Für 4 Personen

- 800 g Kartoffeln, mehligkochend
- 600 g junge Karotten (mit Blättern)
- 100–250 g Chiemut-Vollkornmehl
- ½ TL Zucker
- 3 Prisen Muskat
- ½ TL Salz
- 20 g Kürbiskerne
- 20 g Sonnenblumenkerne
- 150 g Butter oder Margarine
- Fett zum Braten
- Salz
- Pfeffer
- 2 Zweige Thymian

1 Kartoffeln schälen, waschen und in kleine Würfel schneiden. In Salzwasser gar kochen, dann abgießen und durch eine Kartoffelpresse geben oder mit der Gabel zerdrücken. Etwas abkühlen lassen.

2 In der Zwischenzeit die Karotten vom Grün befreien, aber etwa 2 cm davon stehen lassen. Gut waschen. In einem Topf Salzwasser zum Kochen bringen und darin die Karotten bissfest garen. Die Karotten mit einem Schaumlöffel herausnehmen und beiseite stellen. Das heiße Salzwasser aufbewahren.

3 Mehl, Zucker, Muskat und ½ TL Salz zu der Kartoffelmasse geben und zu einem glatten Teig verkneten. Je nach Kartoffelsorte variiert die benötigte Mehlmenge. Den Teig zu Rollen formen und in etwa 1 cm dicke Stücke schneiden. Diese mit den Händen zu kleinen Röllchen mit spitzen Enden formen.

4 Salzwasser wieder aufkochen lassen. Die Schupfnudeln in mehreren Portionen nacheinander hineingeben und gar ziehen lassen. Sie sind fertig, wenn sie an die Oberfläche schwimmen. Dann mit einer Schaumkelle herausnehmen und ausdampfen lassen.

5 Kürbiskerne und Sonnenblumenkerne in einer Pfanne zunächst ohne Fett leicht rösten, bis sie duften. Dann 150 g Butter oder Margarine dazugeben, aufschäumen lassen. Mit Salz und Pfeffer abschmecken.

6 Die Karotten mit etwas Bratfett und den Thymianzweigen in eine Pfanne geben und von allen Seiten anbraten. Mit Salz und Pfeffer würzen. Warmstellen.

7 Schupfnudeln in einer Pfanne in heißem Bratfett von allen Seiten knusprig braten. Die Schupfnudeln und die Karotten auf einem Teller anrichten, die Saatenbutter darübergeben.

DESSERTS, SÜSSE AUFLÄUFE, STRUDEL & CO.

URDINKELFLOCKEN-KÜCHLEIN

Herbst
Blitz-Rezept
ca. 10 Minuten

Für 1 Person

- 250 g Urdinkelflocken
- 150 g Quark
- 2 Äpfel, mittelgroß
- Zitronensaft
- 2 Eier
- 1–2 TL Honig
- Butterschmalz zum Ausbacken
- Puderzucker zum Bestreuen
- 1 Glas Apfelmus

1. Flocken in den Quark einrühren und etwa 15 Minuten stehen lassen.
2. Äpfel in dünne Streifen schneiden, mit etwas Zitronensaft beträufeln und mit den Eiern unter die Flockenmasse rühren. Nach Geschmack mit Honig süßen.
3. Mit feuchten Händen etwa 5 cm große Küchlein formen und beidseitig in heißem Fett backen.
4. Mit Puderzucker bestreut zu Apfelmus servieren.

MEIN TIPP

Statt der Äpfel können auch Zwetschgen oder Kirschen verwendet werden.

SÜSSER EINKORN-REISAUFLAUF

Frühling
ca. 60 Minuten

Für 4 Personen

1 l Vollmilch
150 g Perl-Einkorn
1 Prise Salz
75 g Zucker
Mark einer Vanilleschote
50 g Butter
125 ml Sahne

1 | Milch in einen großen Topf geben. Perl-Einkorn, Salz, Zucker und Vanille dazugeben und die Mischung zum Kochen bringen. Bei kleiner Hitze köcheln lassen (etwa 45–50 Minuten), bis das Korn weich ist.

2 | Unter die heiße Masse Butter und Sahne ziehen und alles in eine Auflaufform geben.

3 | Im Backofen bei 150 °C etwa 10–15 Minuten backen, bis sich eine goldgelbe Kruste bildet.

MEIN TIPP

Es schmecken im Reisauflauf auch Sauerkirschen aus dem Glas oder frische Beeren ganz wunderbar!

HOLLERKÜCHERL MIT BEERENSOSSE

Sommer
Blitz-Rezept
ca. 15 Minuten

Für 4 Personen

FÜR DIE KÜCHERL:

- 200 g Urdinkelmehl Type 630
- 380 ml Milch
- 2 Eier
- 1 Prise Salz
- 8 mittelgroße Holunderblütendolden
- 700 g Öl oder Butterschmalz
- Puderzucker oder Zucker und Zimt

FÜR DIE BEERENSOSSE:

- 300 g Beeren (Erdbeeren, Himbeeren, Johannisbeeren)
- Zucker nach Geschmack

1. Für die Kücherl aus Mehl, Milch, Eiern und Salz einen glatten Teig herstellen.
2. Holunderblütendolden gut ausschütteln und verlesen. In kleinere Einheiten teilen.
3. Für die Beerensoße die Beeren waschen und abtropfen lassen. Dann grob pürieren und nach Belieben mit Zucker süßen.
4. Ausreichend Öl in einen hohen Kochtopf geben und zum Frittieren erhitzen.
5. Holunderblüten am Stiel fassen, erst in den Teig tauchen und dann im heißen Fett 1–2 Minuten von beiden Seiten goldgelb ausbacken.
6. Auf einem Sieb oder Küchentuch abtropfen lassen.
7. Noch warm mit Zimt und Zucker oder mit Puderzucker bestreuen.
8. Die Kücherl mit der Beerensoße auf einem Teller anrichten und servieren.

MEIN TIPP

Der Holler (oder Holunder) blüht Ende Mai bis Anfang Juli. Nach dem Volksglauben wohnt im Holler der gute Hof- oder Hausgeist und er gilt als Lebensbaum.

URDINKEL-GRIESSPUDDING MIT MARINIERTEN ERDBEEREN

Sommer

Blitz-Rezept

ca. 10 Minuten
+ Zeit zum Abkühlen

Für 4 Personen

FÜR DEN GRIESSPUDDING:

600 ml Milch

2 EL Vanillepuddingpulver

80 g Urdinkel-Vollkorngrieß

20 g Zucker

1 Handvoll Zitronenmelisseblätter

FÜR DIE MARINIERTEN ERDBEEREN:

300 g Erdbeeren

2 EL Holunderblütensirup

1 Für den Pudding von der Milch 4 EL abnehmen und in einer kleinen Schüssel mit dem Puddingpulver vermischen. Die übrige Milch zum Kochen bringen.

2 Grieß und Zucker in die kochende Milch einrühren. Kurz aufkochen lassen, dabei rühren, dann vom Herd nehmen.

3 Vier kleine, bauchige Schälchen mit kaltem Wasser ausspülen und ein oder mehrere Melissenblätter hineinlegen.

4 Grießpudding auf die Schälchen verteilen und abkühlen lassen.

5 Erdbeeren waschen, putzen und vierteln. Holunderblütensirup darübergeben, vermengen und ziehen lassen.

6 Den Grießpudding auf Dessertteller stürzen und mit den marinierten Erdbeeren garniert servieren.

MEIN TIPP

Manchmal wird das Melisseblatt durch die Hitze des Puddings dunkel. Es sieht auch sehr schön aus, wenn man nach dem Stürzen das Blatt abzieht, es bleibt der Abdruck zurück. Je nach Geschmack können Sie auch fein geschnittene Blätter der Zitronenmelisse mit den Erdbeeren marinieren.

EINKORN-CRÊPES MIT BEERENQUARK

Sommer
Blitz-Rezept
ca. 30 Minuten

Für 4 Personen, ergibt ca. 6 Pfannkuchen

FÜR DEN TEIG:

- 200 g Einkorn-Vollkornmehl
- 2 Eier
- 375 ml Milch
- 50 ml Mineralwasser mit Kohlensäure
- 1 Prise Salz

ZUM AUSBACKEN:

- 100 g Butter oder Bratfett

FÜR DIE FÜLLUNG:

- 250 g Quark (Halbfettstufe)
- 100 ml Sahne
- 1 TL Vanillezucker
- 250 g Beeren (Himbeeren, Brombeeren, Johannisbeeren)
- evtl. etwas Honig

ZUM BESTREUEN:

- Puderzucker

1. Die Teigzutaten zu einem glatten Teig verrühren. Ein paar Minuten stehen lassen.
2. Im Bratfett in der Pfanne portionsweise etwa 6 dünne Crêpes bzw. Pfannkuchen backen. Im Backofen bei 50 °C mit einem Deckel zugedeckt warm halten, oder, wenn man das Dessert kalt essen möchte, abkühlen lassen.
3. Für die Beerenquark-Füllung alle Zutaten verrühren, die Beeren mit einer Gabel leicht zerdrücken. Abschmecken. Wenn die Beeren sehr sauer sind, mit etwas Honig nachsüßen.
4. Die Crêpes mit der Füllung bestreichen und aufrollen. Mit Puderzucker bestreut servieren.

MEIN TIPP

Auch hier gilt wieder: Beeren bunt mischen. Auch mit tiefgekühlten Beeren ist dieses Dessert ein Traum!

URDINKEL-MILCHREIS MIT BLAUBEEREN

Sommer
ca. 50 Minuten

Für 4 Personen

- 200 g Perl-Dinkel
- 750 ml Milch
- 250 ml Sahne
- Mark einer Vanilleschote oder 1 Teelöffel-Spitze gemahlene Vanille
- 1 TL Honig
- 300 g Blaubeeren

1 Perl-Dinkel, Milch, Sahne und Vanille in einem großen Topf aufkochen lassen und bei kleiner Hitze köcheln lassen (etwa 45–50 Minuten), bis das Korn weich ist.

2 Den Milchreis mit Honig abschmecken und mit Blaubeeren anrichten. Warm oder kalt genießen.

APFEL-EINKORN-STREUSEL

Herbst
Vegan
ca. 10 Minuten
+ 30 Minuten Backzeit

Für 4 Personen

- 2–3 Äpfel
- 130 g Butter oder vegane Margarine
- 250 Einkorn-Vollkornmehl
- 100 g Zucker
- 1 EL Vanillezucker

1 Äpfel waschen (nicht schälen), entkernen und in dünne Spalten schneiden.

2 Butter in einem kleinen Topf zerlassen. Dann die Butter, Mehl, Zucker und Vanillezucker mischen und mit den Knethaken des Rührgerätes verkneten.

3 Eine Hälfte des Teiges in eine gefettete Auflauf- oder Quicheform geben und durch Andrücken einen Boden formen. Apfelspalten darauf verteilen. Den restlichen Teig als Streusel darübergeben.

4 Bei 175 °C etwa 30 Minuten im Backofen backen. Noch warm servieren.

MEIN TIPP

Wenn sich mal überraschend lieber Besuch einstellt, ist dieses Rezept zu empfehlen. Es geht schnell, die Zutaten hat man meist im Haus und es ist so unkompliziert, dass man schon beim Zubereiten mit dem Ratschen anfangen kann! Dazu noch eine Kugel Vanilleeis ...

BLAUBEER-PANCAKES

Sommer
ca. 30 Minuten

Für 4 Personen

FÜR DIE PFANNKUCHEN:

- 150 g Urdinkelmehl Type 630
- 50 g Braunhirse-Vollkornmehl
- 2 Eier
- 30 g Zucker
- 1 Prise Salz
- 200 ml Milch
- 1 TL Backpulver
- 4 Handvoll Blaubeeren

ZUM AUSBACKEN:

- Butter oder Bratfett

ZUM BESTREUEN:

- Puderzucker

1. Alle Zutaten bis auf die Beeren verrühren, bis ein glatter Teig entsteht. Etwa 15 Minuten stehen lassen.
2. Die Beeren waschen, abtropfen lassen und unter den Teig heben.
3. In einer Pfanne das Bratfett erhitzen und kleine Portionen Teig hineingeben. Pancakes von beiden Seiten knusprig braun ausbacken.
4. Noch warm mit Puderzucker bestreut und ein paar Beeren garniert servieren.

MEIN TIPP

Besonders fein schmecken die Beeren-Pancakes zu Eis. Oder Sie bereiten einen Beeren-Quark nach dem Rezept von S. 130 (Einkorn-Crêpes mit Beerenquark) zu.

URKORN-APFELSTRUDEL

❄ Winter

ca. 30 Minuten
+ 50 Minuten Backzeit

Für 4 Personen

FÜR DEN TEIG:

- 200 g Dinkelmehl Type 1050 (alternativ: Chiemut-Vollkornmehl)
- 170 g Einkorn-Vollkornmehl
- 1 Ei
- 6 EL Öl
- 125 ml lauwarmes Wasser
- 2 EL Essig
- ½ TL Salz

FÜR DIE FÜLLUNG:

- 750 g Äpfel
- 150 g Walnüsse, gehackt
- 100 g Zucker
- 45 g Dinkelflocken
- 10 g Vanillezucker
- Saft einer kleinen Zitrone
- 75 ml Sahne
- 75 ml Saure Sahne
- 2 TL Zimt

ZUM BESTREICHEN:

- 80 g Butter
- 4 EL Milch

1. Teigzutaten in eine große Schüssel geben und durchkneten, bis ein geschmeidiger Teig entsteht. Ungefähr 30 Minuten kaltstellen.
2. In der Zwischenzeit die Äpfel sehr klein schneiden (die Kerngehäuse entfernen) und alle Zutaten für die Füllung miteinander vermengen.
3. Den Teig auf einem bemehlten Geschirrtuch rechteckig dünn ausrollen und mit den Händen von der Mitte heraus noch dünner ziehen (Merke: Man sollte durch den Teig hindurch Zeitung lesen oder das Muster des Geschirrtuches erkennen können!).
4. Butter zerlassen und mit etwa 2 Drittel davon den Teig bestreichen.
5. Backofen auf 180 °C vorheizen.
6. Füllung auf dem ausgerollten Teig gleichmäßig verteilen, an den Rändern 3 cm frei lassen. Die Seiten einschlagen und mit Hilfe des Tuches von unten nach oben aufrollen. Die Rolle in Form eines Hufeisens auf ein mit Backpapier ausgelegtes Backblech legen.
7. Restliche zerlassene Butter und Milch mischen und den Strudel vor und während des Backens bestreichen.
8. Etwa 50 Minuten bei 180 °C backen.

MEIN TIPP

Der Apfelstrudel schmeckt allein schon köstlich, aber mit Vanillesoße oder Vanilleeis ist er ein Traum.

Je nach Geschmack können Sie Rosinen oder andere Nüsse der Füllung zugeben.

Statt der Hufeisenform kann man auch zwei Strudel herstellen. Lässt sich gut einfrieren, dann aber nicht ganz fertig backen (nur etwa 40 Minuten).

Chiemgaukorn
Bio
Beluga-Linsen
"Kaviar-Linsen"
1 kg
eigener bayerischer Ernte
Chiemgaukorn
Bio
Leindotteröl
Camelina-Öl der Wikinger
Frische
Hofpressung
Leindotteröl
Bayerns beste
bio Produkte
2015
Nativ,
aus 1. Kaltpressung

SERVICE

DIE AUTORIN

JULIA REIMANN, 1975 in Hamburg geboren, studierte Agrarwissenschaften an der Humboldt-Universität in Berlin. Während ihrer Reisen und Praktika in Deutschland, Südamerika und Australien sammelte sie Erfahrung in verschiedenen Bereichen des ökologischen Landbaus, der Permakultur und der Biodynamischen Wirtschaftsweise. Nach dem Studium arbeitete sie zunächst im Bereich Projekt- und Regionalmanagement mit Schwerpunkt gentechnikfreie Landwirtschaft, Landwirtschaftspädagogik und Mischfruchtanbau im Chiemgau und war Beraterin für den Bio-Anbauverband Demeter. Heute lebt und arbeitet Julia Reimann mit ihrem Mann Stefan Schmutz und den beiden Töchtern auf dem Bio-Hof Chiemgaukorn nahe dem Chiemsee mit Blick auf die Alpen.

Den Hof pachteten die beiden Agraringenieure 2005 und stellten ihn auf ökologischen Landbau um. Nach und nach kamen zu klassischen Fruchtarten wie Futtergetreide, Weizen, Roggen und Dinkel die Urgetreidearten und alten Kulturpflanzen hinzu. Seit 2010 steht die Weiterverarbeitung und Direktvermarktung im Vordergrund.
Das Interesse an den alten Kulturpflanzen reichte immer schon vom Saatkorn bis zum Kochtopf: Bei der Auswahl der Pflanzen für den Anbau war und ist wichtig, wie sie in der Küche zu verwenden sind, welche Eigenschaften sie in Bezug auf den Geschmack, die Verarbeitung und auf die Gesundheit haben. So ist eine eigene Küche entstanden – einfach, vegetarisch, mit guten, vorwiegend regionalen Produkten –, die unkompliziert umzusetzen ist und zu eigenen Kreationen anregt.

LITERATUR

Dahlke, R. (2015). **Das Geheimnis der Lebensenergie in unserer Nahrung.**

Körber-Grohe, U. (1994). **Nutzpflanzen in Deutschland, Kulturgeschichte und Biologie.**

Reder, K. (2014). **Schlank – fit – gesund. Der Normalzustand.**

www.lebensmittellexikon.de
www.umweltinstitut.org
www.urgeschmack.de

Ich danke all meinen Testessern, vor allem meinen Kindern und meinem Mann, die oft mit knurrenden Mägen um die Tische geschlichen sind, bis die Gerichte endlich fotografiert waren.

SCHNELL NACHGESCHLAGEN

BILDQUELLEN

Alle Rezeptfotos, die Fotos auf den Umschlagseiten sowie die Fotos auf den Seiten 8, 9, 13, 14, 15, 16, 17, 19, 21, 23, 24, 25, 26, 28, 29, 30 (o.), 31, 33, 35, 39, 40 und 45 stammen von Michael Namberger.
Chiemedia: S. 20, 34, 36, 42, 140 (u.)
Chiemgaukorn: S. 18 und 22
Hase, Tobias: S. 6/7, 27 und 38
Riegel, Holger: S. 4, 10, 11, 32, 41, 44, 140 (o.), 141 (o.), vordere Umschlagseite (innen links)

IMPRESSUM

Bibliografische Information der Deutschen Nationalbibliothek
Die Deutsche Nationalbibliothek verzeichnet diese Publikation in der Deutschen Nationalbibliografie; detaillierte bibliografische Daten sind im Internet über http://dnb.d-nb.de abrufbar.

Wollgrasweg 41, 70599 Stuttgart (Hohenheim)
E-Mail: info@ulmer.de
Internet: www.ulmer.de
Konzept: Christine Hutschenreuther
Lektorat: Sabine Drobik, Lisa Seibel
Herstellung: Isabell Scherrieble
Umschlag-Konzeption: Ruska, Martín, Associates GmbH, Berlin
Umschlag-Gestaltung, Layout und Satz: Antje Warnecke, nordendesign.de
Druck und Bindung: Westermann Druck, Zwickau
Printed in Germany

ISBN 978-3-8186-0267-3